속도보다
중요한 것은
방향입니다

속도보다
중요한 것은
방향입니다 개정판

펴 낸 날	2024년 3월 15일 1쇄
지 은 이	허 복 만
펴 낸 곳	야 스 미 디 어
편 집 기 획	광 명 프 린 팅
표지디자인	디자인일그램
등 록 번 호	제10-2569호
주 소	서울 영등포구 영중로 65 영원빌딩 327호
전 화	02-3143-6651
팩 스	02-3143-6652
이 메 일	yasmediaa@daum.net
I S B N	979-11-92979-11-3 (03230)

정가 15,000원

본서의 수익금 일부분은 선교사를 지원합니다.

속도보다
중요한 것은
방향입니다

허복만 지음

YAS 야스미디어

Prologue

현재 우리가 살아가는 세상은 놀라울 만큼 빠르게 발전과 변화가 이루 어지고 있습니다. 이렇게 빠른 속도에 발맞추기 위해서 우리도 온 힘을 다해 앞을 향해 달려가고 있습니다. 긴장을 풀고 잠시 멈추기라도 한다면 남들에게 뒤처질 수 있다는 불안감이 우리를 빠른 변화와 속도에 편승 하게끔 등을 떠밀고 있습니다.

그러나 "속도보다 중요한 것은 방향입니다." 빠른 속도라는 달콤함에 취해 방향이 정확하게 설정되지 않는다면 속도는 아무 의미가 없게 됩니다.

인생이 나아갈 방향을 정확하게 맞추는 것은 더할 나위 없이 중요한 일입니다. 조금 더디게 가더라도 방향이 제대로 맞춰져 있으면 언젠가는 목표한 곳에 다다를 수 있습니다. 하지만 방향을 잘못 잡으면 목적지와 전혀 상관없는 곳에서 열심히 방황하게 될 것입니다. 거기에 속도까지 빨랐다면 더더욱 난감해집니다.

이 책은 기독교 신앙의 깊이를 다룬 책이 아니라 기초를 다룬 책입니다. 무슨 일이든 기초가 중요합니다. 건물을 예로 들어보면, 얼마나 땅을 깊이 파고 기초공사를 튼튼히 했느냐에 따라 건물의 높이가 결정됩니다. 기초를 깊게 하지 않은 건물은 결코 높은 건물을 지을 수 없습니다.

 우리의 신앙생활도 그렇게 시작되는 것 같습니다. 처음 교회에 출석해 신앙생활을 시작하면서 모든 것에 익숙하지 않아 당황해 할 때가 많습니다. 초보 운전사 마냥 어설픈 초보 신자에게 누군가 신앙 생활 전반에 관해 친절하게 가르쳐주고 인도해준다면 얼마나 좋을까 생각합니다.

평신도의 입장에서 신앙에 대해 주제별로 묶어서 이야기한다는 것은 참 부담스러운 일입니다. 그럼에도 불구하고 이 책을 꾸미게 된 동기는, 신앙생활을 처음 시작하는 분들께 기독교 전반에 대하여 길잡이 역할을 해줄 수 있는 서적이 있다면 좋지 않을까라는 마음 때문이었습니다. 더불어 지금까지 훌륭한 목사님들에게서 들은 설교와 성경공부를 통해 깨달은 말씀들을 많은 이들과 공유하고픈 마음도 컸습니다. 목사님 들로부터 들은 설교 말씀을 노트에 요약하여 적은 것과 일대일 제자 양육을 해오면서 경험하고 느낀 것들을 정리해 나갔습니다.

　그리고 예수님을 만나려 교회를 찾은 초보신앙인들이 알았으면 좋겠다고 생각하는 스물여덟가지 주제와 암 투병을 하며 겪었던 간증을 보탰습니다. 이 책이 신앙생활을 처음 시작하는 분들과 더불어 일대일 제자양육에 힘쓰고 있는 일대일 양육자들께 양육의 자료로 도움이 되었으면 좋겠습니다.

이 책을 쓸 수 있도록 지혜를 주신 하나님 아버지께 감사드립니다.

지금은 하늘나라에 계신 하용조 목사님과, 늘 바른 신앙을 유지하도록 말씀과 기도로 인도해주시는 온누리교회 이재훈 위임목사님을 비롯하여 목사님들과 장로님들께 감사드립니다. 더불어 늘 격려해 주시고 신실하게 동역해 주시는 온누리교회 일대일 제자양육 사역팀 여러분들께 감사 드립니다.

허복만
2024년 봄에

Contents

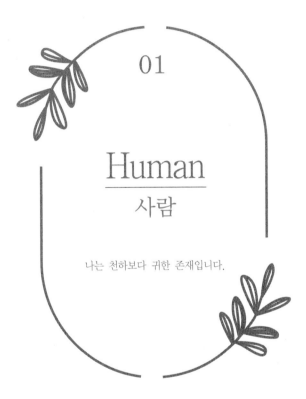

01

Human

사람

나는 천하보다 귀한 존재입니다.

01 | 사람

하나님이 자기 형상 곧 하나님의 형상대로 사람을 창조하시되
남자와 여자를 창조하시고, 여호와 하나님이 땅의 흙으로
사람을 지으시고 생기를 그 코에 불어넣으시니 사람이 생령이
되니라 창 1:27, 2:7

사람들은 지금 우리가 살고 있는 세상이 언제 시작되었고, 어떻게
만들어졌을까를 궁금해합니다. 많은 학자들은 세상의 첫 시작을 규명해
보려 오래전부터 연구를 거듭해 오고 있습니다. 현재를 보다 명확히
이해하고, 다가올 미래를 정확히 예측하기 위해서는 세상의 처음 시작에
대하여 아는 것이 무척 중요할 것입니다.

급속도로 짧은 시간에 엄청난 발전을 거듭하고 있는 전자기기들과
인터넷 환경 속에서 우리 그리스도인들은 홍수처럼 넘쳐나는 정보들을
접하며 많은 사람들과 더불어 현재의 시간과 공간을 살아가고 있습니다.

세상은 갈수록 음란해져 가고 있고, 악은 한시도 쉬지 않고 더욱 기승
을 부리고 있는 현실 속에서 그리스도인들이 세상 사람들과 구별되어 올
바른 신앙생활을 지속한다는 것은 쉬운 일이 아닙니다. 이제껏 그랬듯

앞으로도 세상을 살아가기가 결코 만만치 않을 것입니다.

현재 우리가 살아가는 세상은, 우리가 동의하든 그렇지 않든 상관없이 진화론과 창조론이라는 두 가지 이론에 의해 움직이고 있습니다. 진화론이라는 교육 체계 속에서 자라고 익숙해져 있는 현대인들에게 창조론을 받아드린다는 것이 결코 쉽지 않은 일이라 해도 이것은 어쩔 수 없는 사실입니다. 그렇기에 이 두 이론 중 어느 쪽을 받아들일지는 대단히 중요한 문제입니다. 어느 이론을 믿느냐에 따라 삶의 목적과 방향, 가치관이 크게 달라지기 때문입니다.

지금까지 우리 그리스도인도 상당 부분 진화론의 영향을 받고 살아왔습니다. 그렇기에 지구촌의 한 귀퉁이를 차지하고 있는 자기 자신의 정체성과 존재 이유를 정확히 알기 위해서라도 어떤 것이 진리이고, 어떤 것이 허구인지를 따져봐야 하는 것은 매우 중요한 일입니다.

"아주 먼 옛날 우리가 도저히 셈할 수 없는 태곳적에 우주 대폭발이 일어났습니다. 그 후 많은 시간이 흘렀습니다. 대폭발의 잔해 가운데 하나였던 지구라는 별에 생명체가 생겨났습니다. 지구의 생명체는 진화에 진화를 거듭했습니다. 그리고 점점 원숭이 같은 생김새를 갖춰가더니 결국 사람이 되었습니다."

위의 내용은 제가 알고 있는 진화론을 간단하게 요약한 것입니다.

어느 누구도 그 자리에 있어 본 적이 없기에 그저 상상만 할 뿐입니다. 이렇게 진화론은 가정에서 출발했습니다. 때문에 확인할 방법도 없습니다. 계속되는 가정이 전부입니다.

그러나 진화론은 우리 삶 구석구석까지 스며들어와 적지 않은 영향력을 행사하고 있습니다. 우리가 광물이나 식물, 혹은 잠시 잠깐 이 세상에 머물다 없어지는 동물이라면 모를까 진화론이 정말 진리인지를 한 번쯤은 진지하게 고민해볼 필요가 있을 것입니다.

인간이 지구상에 존재하게 된 이유를 진화론 입장에서 다시 한번 정리해보겠습니다. 우주 대폭발 이후 오랜 시간이 흐르면서 우연히 어떤 물질이 생성됩니다. 이 물질이 주변 환경과 여러가지 영향으로 수많은 진화 과정을 거쳐 지금의 사람의 모습을 갖추게 됩니다.

이 주장이 정말 사실이라면 현재 인간이 완성된 생명체라고 누구도 장담할 수 없습니다. 이제껏 진화되어 온 것처럼 여전히 진화 과정 중에 있는, 또 다른 모습으로 진화되어 가고 있는 미완성의 과도기적 상태로 존재하고 있다고 볼 수밖에 없습니다.

하지만 진화론자들의 주장과 달리 진화론이라는 학설에는 과학적 증거가 없다는 것이 속속 밝혀지고 있습니다. 진화의 중간 단계를 보여주는 화석이나 진화론을 입증할만한 결정적 증거물이 아직도 발견되지 않고 있습니다. 진화가 일어났다는 일방적인 가설만이 있을 뿐입니다.

또한 진화론적 관점에서는 인간의 존엄성을 논하거나 도덕과 윤리를 거론하는 자체가 모순일 수밖에 없습니다. 또 다른 물질로 변해가야 할 인간에게 무슨 가치와 의미를 부여할 수 있겠습니까? 진화론이 사실이라면 인간은 물질로 얼마 동안 존재하다가 물질로 돌아가게 되어 있는 존재에 지나지 않을 것입니다.

그래서 많은 사람들이 예전부터 "나는 누구인가?"라는 의문을 갖고 자신의 존재에 대해 고민해온 것이 아니었을까 생각합니다.

또 하나의 이론이 있습니다. 태초에 하나님이 계셨습니다. 하나님 이 말씀으로 세상을 창조하셨습니다. 엿새 동안 천지 만물을 다 지으신 후 마지막으로 흙으로 사람을 만드셨습니다. 하나님의 형상을 따라 하나님의 모양대로 말입니다. 그리고 하나님의 생기를 사람의 코에 불어 넣으셨습니다. 이렇게 창조된 사람은 생령, 즉 살아있는 영이 되었습니다.

> "하나님이 자기 형상 곧 하나님의 형상대로 사람을 창조하시
> 되 남자와 여자를 창조하시고, 여호와 하나님이 땅의 흙으로
> 사람을 지으시고 생기를 그 코에 불어넣으시니 사람이 생령이
> 되니라" 창 1:27, 2:7

생기를 불어넣으셨다는 것은 하나님의 생각과 의지, 성품을 넣으셨다는 뜻입니다. 생기를 불어 넣어주셨다는 것은 생명을 주셨다는 뜻이고, 하나님과의 교제가 끊어지면 생명이 끊어지게 된다는 의미이기도 합니다. 이렇게 인간은 하나님과 더불어 교제하며 살도록 지음 받은

존재이고, 하나님과 떨어져서는 살 수 없는 불가분리의 관계로 창조된 존재입니다. 하나님은 그렇게 지으신 사람에게 복주시고, 모든 환경을 관리하고 다스리라는 대리통치권을 주셨습니다.

> "하나님이 그들에게 복을 주시며 하나님이 그들에게 이르시되
> 생육하고 번성하여 땅에 충만하라, 땅을 정복하라, 바다의
> 물고기와 하늘의 새와 땅에 움직이는 모든 생물을 다스리라
> 하시니라" 창 1:28

이렇게 사람은 하나님과 더불어 영원한 생명을 누리는 존귀한 존재로 지음 받았기에 세상에 잠시 머물다가 곧 사라져 버릴 물질과 비교될 수 없습니다.

진화론과 창조론, 두 이론 중 어느 쪽을 택할 것인가는 각자의 선택에 달려 있습니다. 하나님은 인간을 인격적으로 지으셨고, 인간에게 스스로 판단하고 선택할 수 있는 자유의지를 주셨기 때문입니다.

그러나 선택은 신중해야 합니다. 자신의 의지로 선택했다는 것은 그 결과에 따른 책임도 자신에게 있다는 것을 의미하기 때문입니다.

자신을 지구상에 한순간 머물다 사라지고 마는 단순한 물질로 이루어진 존재라고 간주할지, 아니면 하나님과 더불어 영원한 삶을 누려야 하는 귀한 존재라고 여길지 깊이 생각해 본 후 신중하게 결정해야 할

것입니다.

자기 자신을 어떤 존재로 여기고 있습니까? 혹시 자신을 잠시 지구상에 존재하다가 사라져 버릴 물질이라고 생각하고 싶지는 않으시겠지요?

인간은 존귀한 존재입니다. 천하 만물을 능히 손에 얻고도 남을만한 돈을 가져다준다 해도 바꿀 수 없을 만큼 귀한 존재입니다. 그렇지 않다면 하나님이 당신의 형상을 따라 당신의 모양대로 사람을 창조하는 수고를 하시지는 않으셨을 것입니다. 그럼에도 불구하고 최근에 와서 동성애와 낙태 등 하나님의 창조질서를 어지럽히는 사람들이 너무나 많습니다. 왜 그런 일들이 일어나는 것일까요? 그 이유는 하나님이 누구이신지 더불어 자신이 어떤 존재인지 모르기 때문입니다.

자기 자신을 하찮은 존재로 여기면 안 됩니다. 자신을 우습게 여기는 것은 우주만물의 창조자이신 하나님을 욕되게 하는 일입니다. 자신이 창조주 하나님의 형상과 모양을 따라 지음받은 천하보다 귀한 존재라는 자존감과 자부심을 가져야 합니다.

나는 천하보다 귀한 존재입니다.

02

Grace
은혜

예수 그리스도 그분이 바로 은혜입니다.

02 | 은혜

우리가 아직 죄인 되었을 때에 그리스도께서 우리를 위하여
죽으심으로 하나님께서 우리에 대한 자기의 사랑을 확증
하셨느니라 롬 5:8

하나님이 세상을 창조하셨습니다. 천지만물을 창조하신 후 마지막으로 하나님의 형상과 모양을 따라 사람을 지으시고 에덴동산에서 살게 하셨습니다. 에덴동산은 부족한 것이 전혀 없는 완전한 공간이었습니다. 그런데 하나님은 에덴동산에서 사람이 꼭 지켜야만 하는 한 가지 룰을 만드셨습니다. 동산 중앙에 선과 악을 알게 하는 나무의 실과를 두시고 선을 그으신 것입니다. 그리고 선을 넘지 말라고 명령하셨습니다. 다른 것은 다 취하되 그것만큼은 먹지 못하게 하신 것입니다. 아마 창조주와 피조물 간의 최소한의 경계, 즉 그 실과를 바라볼 때마다 자신을 지으신 창조주 하나님을 기억하라고 만드신 것 같습니다.

그때까지 사람은 흠 없이 온전한 상태였습니다. 그러던 어느 날 사단이 다가와 "너희가 그것을 먹는 날에 정녕 눈이 밝아져 하나님과 같이 될

것이다"라고 유혹했습니다. 사단의 꾐에 빠진 인간은 하나님의 명령을 잊어버리고 죄를 범하고 말았습니다. 그러자 즉시 하나님과의 관계가 깨졌습니다. 하나님과의 관계가 깨어진 인간은 에덴동산에서 쫓겨나게 된 것은 물론 영원한 사망의 저주 아래 놓이는 처지로 전락하고 말았습니다. 타락한 인간은 빛을 잃고, 길을 잃고, 진리마저 잃어버린 소경과 같은 존재가 되었습니다. 그것이 연약한 인간의 실존입니다.

아담이 지은 죄(원죄)가 나하고 무슨 상관이 있기에 내가 죄 사함을 받아야 되느냐고 사람들은 말합니다. 이것은 모르기 때문에 하는 말입니다. 분명히 상관이 있습니다. 나의 자녀들이 내 속에 이미 존재 하고 있다가 나를 통해 세상에 나온 것처럼, 아담이 범죄를 저지르던 그때 우리도 인류의 조상 아담 안에 이미 존재하고 있었습니다. 아담과 더불어 죄를 저지른 것입니다.

인간은 죄의 결과로 영원한 사망과 저주로 떨어질 수밖에 없는 처지가 되었습니다. 하나님은 이렇게 멸망을 향해 달려가고 있는 인간을 그대로 두고 보실 수가 없었기에 구원하시기로 작정하셨습니다. 그래서 하늘 보좌 영광을 포기하시고 인간의 역사 안으로 직접 들어오셨습니다. 그분이 바로 하나님의 독생자 예수 그리스도입니다.

우리는 기적을 이야기합니다. 기적은 도저히 이루어질 수 없는 불가능한 일이 이루어진 것을 말합니다. 우리가 불가능하게 생각하고 있는 대부분의 일들은 사실 어렵기는 해도 가능할 수 있는 것들입니다. 우리 인생 가운데서 기적은 단 한 개밖에 없습니다. 그것은 우주만물의 창조자이시며 주권자이신 하나님께서 나를 구원하시려 인간의 몸을 입고 내 인생 가운데 찾아오신 것입니다. 그것이 바로 기적입니다. 이미 우리는 기적을 경험하고 있는 것입니다.

"하나님의 사랑이 우리에게 이렇게 나타난 바 되었으니 하나님이 자기의 독생자를 세상에 보내심은 그로 말미암아 우리를 살리려 하심이라" 요일 4:9

인간은 스스로의 힘으로 죄의 문제를 해결할 수 없는 무능한 존재입니다. 범죄의 결과로 말미암아 영원히 파산한 자이며 이미 부도난 인생들입니다. 만약 스스로 열심히 노력해서 죄의 문제를 해결할 수 있는 가능성이 인간에게 조금이라도 있었다면 하나님께서 이 땅에 오실 필요가 없었을 것입니다.

"기록된 바 의인은 없나니 하나도 없으며" 롬 3:10

범죄를 저지르고 타락한 인간은 예수 그리스도를 덧입지 않고서는 죄인 된 신분을 회복할 수 없게 되었습니다. 그래서 죄 없으신 예수님이 이 땅에 오셔서 십자가에 달려 찢기시고 피 흘려 죽으심으로 우리의 죄 값을 대신 갚아주실 수밖에 없으셨습니다. 죄로 인해 영원한 사망의 저주 아래 있던 우리를 해방시켜 주기 위해서 예수님 자신이 십자가의 죽음을 통해 우리들의 죄 값을 대신 갚아주시는 방법밖에 없었기 때문입니다. 이처럼 하나님 자신이 우리의 죄를 대속해 죽어주신 것, 그리고 그 사실을 믿음으로 받아들이고 예수님을 자신의 구세주로 영접하기만 하면 구원해 주시는 것, 이것이 바로 하나님의 은혜입니다.

> "모든 사람이 죄를 범하였으매 하나님의 영광에 이르지
> 못하더니 그리스도 예수 안에 있는 속량으로 말미암아 하나님
> 의 은혜로 값없이 의롭다 하심을 얻은 자 되었느니라" 롬 3:23–24

예수님은 우리의 죄를 사하시려 십자가에 매달려 혹독한 대가를 치르셨고, 우리는 구원의 은혜를 값없이 선물로 받았습니다. 그렇습니다. 선물로 주신 것이 은혜입니다. 선물은 감사하며 받기만 하면 됩니다. 선물을 주시는 분은 그것을 받을 수 있는 조건을 내걸지 않습니다. 그저 마음을 열고 기쁘게 받아주기만을 원하십니다. 은혜는 우리가 무엇을 어떻게 했느냐에 좌우되는 것이 아닙니다. 은혜의 본질과 핵심은 바로 예수 그리스도입니다.

우리는 하나님께서 창조해주신 자연환경 속에서 살아갑니다. 어느 것 하나도 우연히 이루어지는 것은 없습니다. 진화론자들의 말대로 세상 만물이 우연의 산물이라면 곧 없어지거나 금방 다른 무언가로 변해버릴

수 있기에 그 무엇도 믿을 수 없을 것입니다.

공기가 어느 날은 있고 어느 날은 없다면 사람이 어떻게 존재할 수 있겠습니까? 태양도 그렇고 달도 마찬가지입니다. 우리가 크게 의식하지 않고 누리고 있는 환경도 하나님의 철저한 계획과 섭리 가운데 질서 있게 움직이고 있습니다. 그렇지 않으면 우리는 단 한 순간도 살아갈 수 없습니다.

이렇게 하나님을 믿는 사람이든 믿지 않는 사람이든 모두에게 허락된 은혜를 일반적 은혜라고 합니다. 이 세상 모든 사람들은 이미 하나님의 은혜를 누리고 있는 것입니다.

또 하나의 은혜가 있습니다. 앞서 말한 특별한 은혜입니다. 은혜란 바로 죄로 인해 영원한 형벌 속에 들어갈 수밖에 없던 우리를 위해 이 땅에 오신 예수 그리스도입니다. 우리 죄를 대신해 십자가 고통을 당하신 분, 십자가 의 죽음과 부활을 믿음으로 고백하기만 하면 구원하셔서 영원한 생명을 주시는 분, 하나님의 독생자 예수 그리스도가 바로 은혜입니다.

> "너희가 다 믿음으로 말미암아 그리스도 예수 안에서 하나
> 님의 아들이 되었으니" 갈 3:26

하나님은 죄와 사망의 법에 노예로 사로잡힌 인간을 구원하셔서 당신

의 자녀 삼아주십니다. 전혀 새로운 신분을 주시는 것입니다. 그것이 은혜입니다. 영원한 사망의 저주에서 영원한 생명으로 옮겨주신 뒤에는 예수 그리스도와 동행하는 삶으로 이끄십니다. 바로 은혜 안의 삶입 니다.

하나님의 공의는 죄를 반드시 심판합니다. 그러나 하나님의 사랑은 아무리 중한 죄를 저지른 사람일지라도 용서합니다. 그래서 하나님은 또 다른 공의를 만드셨습니다. 하나님 자신이 인간의 역사 가운데 들어오셔서 죄 값을 대신 치르는 것입니다. 그리고 예수 그리스도의 죽음이 자신의 죄 때문이었음을 인정하고 예수님을 영접하는 자에게 하나님은 구원을 허락하십니다. 그것이 은혜입니다.

예수님을 영접한 우리는 더 이상 죄인이 아닙니다. 예수그리스도께서 십자가상에서 이루신 일로 우리는 하나님의 자녀라고 하는 새로운 신분을 갖게 되었습니다. 우리를 하나님의 자녀라고 부르는 것은 우리의 행동 때문이 아니라 예수님을 통해 우리에게 주어진 정체성 때문입니다. 예수님이 우리에게 복음인 것은 예수 안에서 우리의 죄가 전부 사하여 졌기 때문이며, 의인으로 신분이 회복되었기 때문입니다. 지은 죄가 없어서 의인이 아니라 예수님의 십자가 대속으로 말미암아 거듭났기에 의인인 것입니다.

나는 남자로 태어났기 때문에 남자이며, 여자로 태어났기 때문에 여자입니다. 이와 마찬가지로 우리의 정체성은 행위가 아닌 출생의 문제입니다.

예수그리스도를 영접한 그 시간부터 예수 안에서 거룩한 성도가 된 것입니다. 하나님으로부터 새로운 정체성을 부여받음은 물론 예수그리스도의 의를 받아 누릴 수 있게 된 것입니다. 더 이상 죄인이 아닙니다. (갈2:20) 죄인이었던 우리는 그리스도와 함께 십자가에 못 박혀 죽었습니다. 요15:5절에서는 나는 포도나무요 너희는 가지라고 말씀하십니다. 포도나무가 누구입니까? 그분은 예수그리스도이십니다. 그리고 그분은 의인이십니다. 그런데 포도나무에 가지로 접붙임바 된 우리가 어찌 죄인일 수 있습니까? 포도나무에서 분리된 자들이 죄인인 것입니다. (요1:12) 우리는 이제 하나님의 자녀입니다.

많은 그리스도인들의 생각하기를, 예수님이 이 땅에 오시기 전 우리의 상태를 죄로 병들어서 치료가 조금 필요했던 것으로 착각하는 경우가 많습니다. 아닙니다. 우리는 치료가 필요했던 존재가 아니라 죄로 인해 완전히 죽었던 존재입니다. 죽은 자에게 해줄 수 있는 것은 아무것도 없습니다. 어떤 종교적 행위를 한다 해도 죽었다는 사실은 변하지 않습니다. 죽은 자에게 필요한 것은 단 하나 다시 살아나는 것 밖에는 없습니다.

종교는 단순히 행동의 변화에 초점을 맞춥니다. 그러나 은혜와 종교는 차원이 다릅니다. 물론 예수 그리스도를 믿으면 행동이 변화되어질 수밖에 없습니다. 하지만 그 행동의 변화가 복음이 가져다주는 진리와 비교될 수 없습니다.

우리가 예수그리스도의 은혜를 입었다는 뜻은 삶이 조금 변화되어진다는 것이 아닙니다. 새로 완전히 교체된다는 뜻입니다. 삶이 조금 변화된다는 것은 그저 조금 개선된다는 것을 의미합니다. 하지만 교체된다는 것은 완전히 새로운 사람으로 다시 태어난다는 의미입니다.

예수님은 아담이 무너뜨린 것을 조금 고치시려고 이 땅에 오신 것이 아닙니다. 범죄로 인해 하나님과의 관계가 완전히 깨어져 영원히 죽을 수밖에 없는 우리의 정체성을 원래대로 완전히 회복시키시려 오신 것입니다.

아담 안에서 우리는 죄인이었습니다. 그러나 예수그리스도가 십자가상에서 이루신 대속의 역사는 죄로부터 우리를 깨끗이 하는데 그치지 않고 아담 안에 있는 우리의 옛 사람을 영원히 없애버리신 역사입니다. 예수님은 우리에게 용서 이상의 것, 바로 예수그리스도의 생명을 주러 오신 것입니다.

성경에서는 예수그리스도를 믿는 자는 산자요, 믿지 않는 자는 죽은 자라 했습니다. 하나님이 우리를 예수그리스도 안에서 산자로 만드신 것은 옛 창조물을 조금 바꾸신 정도가 아닙니다. 완전히 부패하고 죽었던 우리의 옛 사람에게 새 생명을 부어주심으로 완전히 새로운 피조물로 재창조하신 것입니다.

"그런즉 누구든지 그리스도 안에 있으면 새로운 피조물이라
이전 것은 지나갔으니 보라 새 것이 되었도다" 고후5:17

우리가 무언가 열심히 노력하고 정성을 드려 구원을 받는 것이 아닙니다. 구원이라는 은혜의 핵심은 예수그리스도께서 우리에게 일방적으로 주시는 것에 있습니다. 우리가 우리 삶을 예수그리스도께 드렸기 때문에 영생을 얻은 것이 아닙니다. 우리가 영생을 얻은 것은 예수그리스도께서 자신의 생명을 우리에게 주셨기 때문입니다. 하나님이 이루신 일보다 우리의 노력에 초점 맞추는 것은 종교적 습성에서 비롯된 생각입니다. 은혜는 하나님께서 댓가를 치르시고 우리에게는 값없이 일방적으로 주시는 선물입니다.

03

Sin
───
죄

하나님을 떠난 것이 죄입니다.

03 |

죄가 너희를 주장하지 못하리니 이는 너희가 법 아래에 있지
아니하고 은혜 아래에 있음이라 롬 6:14

사람이 죄를 짓지 않고 산다는 것은 불가능한 일입니다. 하나님
나라에 가는 그 순간까지도 우리는 죄의 문제에서 자유로울 수 없을
것입니다. 에덴동산에서 저지른 아담의 범죄는 우리를 하나님 중심에서
인간 중심으로 옮기게 한 엄청난 사건입니다. 다른 종교에서는 많이
쌓은 선행으로 지금까지 지은 죄를 상쇄시킬 수 있다고 생각합니다. 안
타깝게도 결코 그렇지 않습니다.

한강에 검정색 잉크 한 병을 부었다고 가정해 보겠습니다. 잉크는
금방 강물에 섞여 사라집니다. 그렇다고 잉크가 없어진 것은 아닙니다.
희석되어서 눈에 보이지 않을 뿐이지 한강에 잉크 한 병이 부어져 존재
하는 것은 부인할 수 없습니다. 아무리 많은 양의 물을 쏟아 붓는다 해도
잉크는 그 안에 존재하고 있습니다.

죄의 문제도 마찬가지입니다. 정직하고 착하게 살아야 하는 것이 마땅하지만 그렇게 산다고 해도 죄가 없어지는 것은 아닙니다.

죄는 강력한 속성을 가지고 있습니다. 주변을 오염시키는 전염성과 끊임없이 판단하고 비판하는 정죄성, 갈등 구조를 일으켜 분리하게 만드는 분열성 등 악한 권세를 가지고 있기에 죄에 대한 바른 이해가 있어야 대처할 수 있습니다.

성경은 우리가 자신의 주인이 되어 하나님을 외면해 온 것을 가장 큰 죄라고 말하고 있습니다. 다시 말해 하나님의 독생자 예수 그리스도를 구주로 믿지 않는 것입니다. 이것은 용서받지 못하는 죄입니다.

세상에서는 다른 사람과 비교해서 자신을 정의합니다. 그래서 너보다는 내가 조금 더 깨끗하다고 생각합니다. 너보다는 내가 더 도덕적이고 윤리적이라 생각합니다. 감옥에 잡혀 들어가면 죄인이고 그렇지 않으면 죄인이 아닌 것 입니다. 그러나 우리가 잘 알다시피 세상에는 법정에서 유죄선고를 받은 사람보다 더한 죄를 지은 사람들이 자유롭게 활개를 치며 다니고 있습니다.

그렇기 때문에 성경이란 말씀의 거울에 자신의 모습을 비추어 보아야 자신이 현재 어떤 상태인지를 정확히 진단할 수 있습니다.

성경은 "살인하지 말라!"는 말만 전하지 않습니다. "그 형제를 미워하는 자마다 살인하는 자니"라고 마음이 죄를 짓지 않았는지 살펴보게 합니다. "간음하지 말라!"는 말 뒤에는 "음욕을 품고 여자를 보는 자마다 마음에 이미 간음하였느니라"는 설명이 뒤따라옵니다. "도둑질하지 말라!"는 구절과 "네 이웃의 모든 소유를 탐내지 말지니라"는 구절은 일맥상통해 보입니다.

이것은 십계명 가운데 일부에 지나지 않습니다. 말씀 몇 줄에 불과하지만 이것이 나와 전혀 상관없는 내용이라고 자신 있게 말할 수 있는 사람은 아무도 없을 것입니다. 여기서 그치지 않습니다. 우리는 돈, 명예, 권력 등을 하나님보다 우선시하고, 하나님을 모셔야 할 자리에 그것들을 둠으로써 "나 이외에 다른 신을 섬기지 말라!"는 십계명의 첫 번째 계명부터 어기고 있습니다. 결국 우리는 이렇게 말씀의 거울에 자신을 비춰보아야 죄로부터 자유로울 수 없음을 깨닫게 되고 비로소 죄로 얼룩진 자신의 실존을 알 수 있는 것입니다. 그리고 죄로 인해 영원한 형벌로 떨어질 수밖에 없는 나를 발견했을 때 나의 죄를 대속해 십자가에 달리신 예수님의 은혜가 얼마나 엄청난 사건이었는지를 깨닫게 됩니다.

> "예수께서 들으시고 그들에게 이르시되 건강한 자에게는 의
> 사가 쓸 데 없고 병든 자에게라야 쓸 데 있느니라 나는 의인
> 을 부르러 온 것이 아니요 죄인을 부르러 왔노라 하시니라"
> 막 2:17

예수님을 모르는 세상 사람들이 죄를 짓고 사는 것은 어찌 보면 지극히 당연한 일입니다. 죄가 무엇인지 해석하는 기준이 다르기 때문에 어쩔 수 없습니다. 그러나 구원받은 하나님의 자녀들은 달라야 합니다.

우리가 평소 별생각 없이 지나쳤던 여러 가지 죄를 살펴보겠습니다.

먼저 서로 사랑하라고 하신 하나님의 말씀에 순종하지 않고 이웃에 무관심 했으며 자기 자신만을 사랑한 것이 죄입니다. 마음속의 미움, 욕심, 음욕, 시기와 분쟁, 방탕과 교만, 정직하지 못한 것이 죄입니다.

예배를 성령님을 의지하지 않고 형식적으로 드리는 것, 전도하지 않는 것, 예수 그리스도를 가르치지 않는 것, 기도하지 않고 기도한 척하는 것도 죄입니다.

성경을 읽지 않는 것, 성경을 읽지 않으면서도 하나님에 대해 아는 척하는 것도 죄이며, 하나님의 말씀을 의심하는 것도 죄입니다.

하나님께서 주신 교회 직분을 자신의 유익을 위해 이용하는 것과 직분에 대한 태만도 죄입니다. 믿음으로 하지 않고 형식적으로 하며, 자신의 목적을 성취하기 위해 하는 모든 것이 죄입니다.

또한 하나님을 사랑한다고 하면서 예수님의 이름을 듣고도 감동할 수 없는 것도 하나님 앞에 부끄러움입니다.

곰곰이 생각해 보면 우리는 하나님 앞에 헤아릴 수 없이 많은 죄를 저지르며 지내고 있습니다. 사실 단 하루도 죄를 짓지 않고 보내는 날이 없습니다. 이렇게 우리는 연약합니다. 예수 그리스도의 보혈을 의지하지 않고는 한 순간도 살 수 없는 존재입니다.

회개와 용서는 그리스도인에게 가장 친근한 말이어야 합니다. 그러나 여전히 많이 경험해보지 못한 생소한 단어로 남아 있습니다. 그럼에도 불구하고 예수님은 십자가에 못 박혀 돌아가심으로 우리와 하나님과의 관계를 회복시켜 주셨습니다.

자신의 죄를 회개하고 예수님을 구주로 고백하면 다시는 정죄함을 받지 않습니다. 교회는 하나님의 자녀들이 예수 그리스도의 이름으로 모인 공동체입니다. 하나님께서 공동체에게 말씀하십니다.

> "너희가 사람의 잘못을 용서하면 너희 하늘 아버지께서도 너희 잘못을 용서하시려니와 너희가 사람의 잘못을 용서하지 아니하면 너희 아버지께서도 너희 잘못을 용서하지 아니하시리라" 마 6:14-15

> "누가 누구에게 불만이 있거든 서로 용납하여 피차 용서하되 주께서 너희를 용서하신 것 같이 너희도 그리하고 이 모든 것 위에 사랑을 더하라 이는 온전하게 매는 띠니라" 골 3:13-14

이 말씀은 명령입니다. 너희가 서로 용서하지 않으면 나도 너희를 용서하지 않겠다는 하나님의 경고인지도 모르겠습니다. 예수님을 생각해 보시기 바랍니다.

"그는 근본 하나님의 본체시나 하나님과 동등됨을 취할 것
으로 여기지 아니하시고 오히려 자기를 비워 종의 형체를 가지
사 사람들과 같이 되셨고 사람의 모양으로 나타나사 자기를
낮추시고 죽기까지 복종하셨으니 곧 십자가에 죽으심이라"

빌 2:6-8

　그러나 하나님의 자녀라고 말하면서 교회 공동체 안에 머물러 있는
우리의 모습은 어떠합니까? 의인인 것처럼 자신을 포장하고 남을
정죄하고 있지 않습니까?

　하나님의 말씀이 내 영혼에 비칠 때 내 속에 있던 죄를 발견할 수 있습
니다. 성령의 기름 부으심이 있어야 비로소 행동의 변화가 옵니다.

　포장된 아름다움 때문에 숨겨진 더러움을 발견하지 못하는 우를
범해서는 안 됩니다. 믿음의 사람들은 죄를 짓지 않는 완벽한 신앙생활
을 하는 사람들이 아닙니다. 하나님의 말씀으로 죄를 인식하고 성령님의
힘으로 그곳에서 빠져나오는 사람들입니다.

　유리창의 얼룩진 먼지를 깨끗이 닦아내야 아름다운 바깥 풍경을 볼 수
있듯이 하나님과 우리 사이를 가리고 있는 죄라는 커튼을 걷어내야
하나님을 만날 수 있습니다. 그것은 회개로 가능합니다.

하나님을 떠난 것이 죄입니다.

04

Salvation

구원

구원은 하나님께로부터 시작된 사건입니다.

04 | 구원

네가 만일 네 입으로 예수를 주로 시인하며 또 하나님께서
그를 죽은 자 가운데서 살리신 것을 네 마음에 믿으면 구원을
받으리라 롬 10:9

우리가 구원받은 것은 예수그리스도께서 십자가에 달리셨기 때문이며, 우리의 죄를 친히 짊어지셨기 때문입니다. 죄로 인해 나에게 내려져야 했을 하나님의 진노를 예수님께서 대신 감당하셨기 때문입니다. 우리가 지은 죄의 값을 지불하기 위해 우리는 반드시 죽어야 했는데, 그 죄값을 하나님께서는 독생자 예수그리스도에게 짊어지게 하셔서 대신 치르게 하신 것입니다. 이 사실을 믿는 것이 구원의 확신입니다.

구원이 나로부터 시작되었다면 얼마든지 무너질 수 있습니다. 우리가 얼마나 결심과 각오를 쉽게 합니까? 그러나 그 결심들이 얼마나 길게 유지됩니까? 하지만 구원은 나로 시작된 것이 아니라 하나님께로부터 시작되었기에 하나님이 지켜주십니다.

세상에 존재하는 종교들은 신을 만나기 위해 또 내가 원하는 무엇인가

를 붙잡고 쟁취하기 위해 땅으로부터 하늘을 향해 모든 노력과 정성을 기울이며 비는 것입니다. 그러나 기독교 신앙은 이와 반대로 이미 아무 것도 이룰 수 없는 우리를 위해 하나님께서 하늘로부터 이 땅으로 우리를 찾아오셔서 우리의 죄를 대속하시고자 십자가에 달리신 것입니다.

기독교 신앙은 예수 그리스도로 인한 구원이 핵심입니다. 만약 기독교 신앙에서 구원의 문제가 빠져버린다면 다른 종교와 별 차이가 없을 것입니다. 하지만 오랫동안 교회에 다니고 있는 사람들조차 구원의 확신이 없음을 보며 안타까울 때가 많습니다. 아마도 하나님이 인간을 구원하시는 방법을 잘못 이해하고 있기 때문일 것입니다.

성경은 예수 그리스도 외에는 다른 어떤 방법으로도 구원을 줄 만한 이름을 준 적이 없다고, 하나님의 독생자 예수 그리스도를 구세주로 믿고 영접하는 것이 구원에 이르는 유일한 길이라고 말합니다.

> "다른 이로써는 구원을 받을 수 없나니 천하 사람 중에 구원을 받을 만한 다른 이름을 우리에게 주신 일이 없음이라 하였더라" 행 4:12

> "하나님이 세상을 이처럼 사랑하사 독생자를 주셨으니 이는 그를 믿는 자마다 멸망하지 않고 영생을 얻게 하려 하심이라" 요 3:36

왜 예수님을 영접했다는 성도들도 구원의 확신에 관한 이야기가 나오면 대충 얼버무리고 마는지 정말 심각하게 생각해야 할 문제입니다. 우리 인생에서 이보다 더 중요한 문제가 없기 때문입니다.

구원에 대한 바른 이해를 갖고 있어야 합니다. 구원을 확신하지 못하거나 구원받았다고 자신 있게 말하지 못하는 데는 여러 이유가 있을 것입니다. 그 중 가장 빠지기 쉬운 함정은 내가 무엇인가를 끊임없이 해야만 그것에 대한 보상으로 구원을 얻을 수 있다는 생각입니다. 또 다른 이유는 구원을 받기 위한 조건들을 그럴듯하게 포장해 성도들을 미혹하는 이단의 사설 때문입니다.

그러나 성경에는 구원은 사람 편에서 결정되는 일이 아니라고 명확히 쓰여 있습니다. 하나님 편에서 사람에게 주시는 일방적인 선물이라고 말하고 있습니다.

> "너희는 그 은혜에 의하여 믿음으로 말미암아 구원을 받았
> 으니 이것은 너희에게서 난 것이 아니요 하나님의 선물이라
> 행위에서 난 것이 아니니 이는 누구든지 자랑하지 못하게
> 함이라" 엡 2:8-9

아무리 노력을 기울여 선한 행위를 쌓아간다 해도 죄를 상쇄할 수 없습니다. 죄는 없어지지 않고 그대로 존재합니다.

구원은 우리의 죄값을 대신 치러주시고 우리 죄를 십자가에서 도말하신 예수 그리스도를 믿는 믿음으로만 얻을 수 있습니다. 예수님이 십자가에서 흘리신 보혈로 우리 죄를 씻어주시지 않았다면 우리는 지금도 죄 가운데 머물러 있을 것입니다. 다른 방법이 없기 때문입니다.

우리가 할 수 있는 것은 예수님이 아니면 영원히 죽을 수밖에 없는 죄인임을 인정하고 이제까지 지은 죄를 회개하는 일뿐입니다. 그리고 예수님이 당한 십자가 고난과 죽으심, 부활하심이 나 때문이었음을 마음으로 믿고 입으로 고백하는 것입니다.

> "누구든지 예수를 하나님의 아들이라 시인하면 하나님이 그의
> 안에 거하시고 그도 하나님 안에 거하느니라" 요일 4:15

예수님을 전인격적으로 자신의 구세주로 영접하지 않으면 다른 어떤 방법으로도 구원을 받을 수는 없습니다.

> "영접하는 자 곧 그 이름을 믿는 자들에게는 하나님의 자녀가
> 되는 권세를 주셨으니" 요 1:12

예수님을 영접했다는 뜻은 예수님을 내 안에 모셔 들였다는 것입니다. 즉, 내 안에 예수님이 계시다는 것입니다. 그것은 우리의 인격적 고백으로 단번에 이루어집니다. 그 외에는 다른 어떤 조건도 따라올 수 없습

니다. 자신의 목숨까지 내어주며 우리의 죄 값을 대신 지불해 주신, 그래서 우리에게 값없이 주신 은혜로 인해 구원은 이루어진 것입니다. 하나님의 선물입니다.

구원은 받는 사람에 의해 좌우되는 것이 아닙니다. 철저히 주는 사람에 의해 결정됩니다. 하나님이 계획하신 방법이기에 우리는 받아들이기만 하면 됩니다.

우리가 육신의 삶을 마감하고 하나님 앞에 섰을 때 하나님이 우리를 심판하시는 방법은 간단합니다. 구원을 받은 사람인지 아닌지를 보시는 것입니다. 이 땅에서 어떤 일을 하며 어떻게 살았느냐는 상급의 문제입니다. 구원은 우리 안에 하나님의 독생자 예수 그리스도가 있느냐 없느냐로 결정됩니다.

구원은 복잡하지 않습니다. 구원을 받는 방법이 복잡하다면, 또 무엇을 해야만 받을 수 있는 것이라면 이 세상 어느 누구도 구원받기는 불가능할 것입니다.

"누구든지 주의 이름을 부르는 자는 구원을 받으리라" 롬 10:13

"사람이 마음으로 믿어 의에 이르고 입으로 시인하여 구원에 이르느니라" 롬 10:10

구원은 하나님을 외면하고 세상 것에 속아 살던 자신의 잘못을 인정하고 방향을 바꿔 하나님께로 돌아오는 것입니다.

> "내 양은 내 음성을 들으며 나는 그들을 알며 그들은 나를
> 따르느니라 내가 그들에게 영생을 주노니 영원히 멸망하지 아
> 니할 것이요 또 그들을 내 손에서 빼앗을 자가 없느니라 그들
> 을 주신 내 아버지는 만물보다 크시매 아무도 아버지 손에서
> 빼앗을 수 없느니라" 요 10:27-29

우주만물을 만드신 하나님은 우주보다 크신 분입니다.

천문학자들은 헤아릴 수 없을 정도로 많은 은하수가 우주 공간에
존재하고 있다고 밝히고 있습니다. 맑은 밤하늘에 보이는 별과 별 하나
사이의 거리는 보통 몇 광년-빛이 1년 동안 가는 거리-에 달할 만큼
멀리 떨어져 있다고 합니다.

그렇다면 우주는 얼마나 크고 넓겠습니까? 과학자들에 의하면 지구는
시속 1,670km의 속도로 자전하고 있고, 동시에 시속 11만km의 속도로
공전한다고 합니다. 지구가 속한 태양계의 끝에서 끝을 가려면 비행기로
1,700년이 걸리고, 태양계가 속한 은하계를 종주하려면 비행기보다 100
만배 빠른 속도로 150억년을 가야 한다고 합니다. 그런데 이런 은하계가
우주에 1,500억개 이상 있다고 합니다. 그러나 이런 기록들도 맞지 않습
니다. 왜냐하면 하나님이 창조하신 세계는 우리 인간들이 도저히 가늠할
수 없는 영원한 세계이기 때문입니다. 어디에 끝이 있다면 그곳에서 또

다른 시작이 되기에 가히 상상을 초월합니다. 이렇게 상상할 수 없이 광대한 우주 속에 포함된 지구는 작은 모래 알갱이에 불과하다고 해도 과언이 아닙니다. 이렇게 지극히 작은 지구 속에 존재하고 있는 나를 우주만물보다 더 크신 하나님이 어떻게 알아보실 수 있겠습니까?

나는 비록 먼지보다도 작은 하찮은 존재이지만, 우주만물보다 크신 하나님의 독생자 예수 그리스도를 구주로 모셔 들였기에, 그분이 내 안에 들어와 좌정해 계시기에 하나님께서 나를 알아보실 수밖에 없는 것입니다. 이것이 구원이며 하나님의 은혜입니다.

거듭 말씀드리지만 우리의 노력이나 행위를 통해서 구원을 얻을 수 있다면 예수님께서 사람의 몸을 입고 오셔서 우리를 대신해 십자가에 달리실 이유가 전혀 없었을 것입니다. 우리에게는 조금의 가능성도 없었기에 하나님께서 독생자 예수 그리스도로 하여금 우리 죄를 대속케 하고 우리를 구원하신 것입니다.

> "너희는 그 은혜에 의하여 믿음으로 말미암아 구원을 받았
> 으니 이것은 너희에게서 난 것이 아니요 하나님의 선물이라 행
> 위에서 난 것이 아니니 이는 누구든지 자랑하지 못하게 함이
> 라" 엡 2:8-9

믿음으로 의인이라 칭함 받는 것을 '칭의'라 합니다. 예수님을 구세주로 믿고 받아들인 죄인에게 하나님이 예수님의 의를 덧입혀 주시는

것입니다. 즉 예수님의 의가 죄인에게 전가되었기에, 그 은혜를 덧입은 사람은 더 이상 죄인이라 불리지 않고 하나님의 법정에서 의인이라고 선언되는 것입니다.

하지만 '칭의' 된 사람일지라도 죄의 본성이 여전히 남아 있습니다. 죄의 본성은 '성화' 과정을 통해 다듬어지다가 죽음과 부활을 통해 완전히 사라지게 됩니다. '칭의' 가 우리를 하나님 앞에서 거룩하고 의로운 신분으로 변화시켜준 사건이라면 '성화' 는 우리의 본성이 예수 그리스도를 본받아 거룩해져 가는 변화 과정입니다. 다시 말해 영적 수준이 달라지는 것입니다.

'칭의' 와 '성화' 는 믿음으로 예수님과 연합한 자들에게 주어지는 이중적 혜택입니다. 예수 그리스도와 신비한 연합을 이룬 그리스도인들은 그 분의 의와 거룩함을 따라 실질적으로 변화된 삶을 살아야 합니다.

그리고 우리가 이 땅의 삶을 마감하고 하나님의 나라에 입성하는 순간에 존재의 변화가 일어납니다. 그것을 '영화' 라고 합니다. 영화로운 단계로 들어가 하나님 아버지와 더불어 영원한 삶을 살게 되는 것입니다.

구원받은 사람들의 삶은 변화되기 시작합니다. 삶의 목표와 방향이 새롭게 설정됩니다. 이제껏 지니고 있던 정체성과 가치관도 바뀝니다.

예를 들어보겠습니다. 술을 마시면 서서히 얼굴색이 붉어집니다. 술기운에 목소리도 커지고 말도 거칠어집니다. 걸음걸이마저 달라집니다.

술에 들어 있는 알코올 때문입니다. 알코올에 취한 것입니다.

하찮은 술도 이렇게 영향을 미치는데 예수님을 마음에 모셔 들인 성도의 삶도 당연히 변화되지 않겠습니까?

임신부는 점점 불러오는 배를 감출 수가 없습니다. 뱃속에 생명이 자라고 있기 때문입니다. 마찬가지로 예수 그리스도를 영접한 사람도 변화를 감출 수 없습니다. 그 영혼에 구원의 씨, 생명의 씨가 심겨졌기 때문입니다.

이때부터 잃어버린 한 영혼을 안타깝게 찾으시는 하나님 아버지의 시선을 갖게 됩니다. 어둠의 세력에 묶여 고통받는 영혼들도 보이기 시작할 것입니다. 그들이 지르는 고통의 비명과 소외되고 굶주린 이웃들의 신음 소리도 듣게 될 것입니다. 사용하는 언어 역시 바뀝니다. 판단하고 비판하고 정죄를 서슴지 않던 언어가 용서하고 사랑하며 격려와 위로를 전하는 언어로 변화됩니다. 발걸음은 아직 예수님을 만나지 못한 사람들에게로 향할 것입니다. 그들에게 예수님이 구원자이심을 전하게 될 것입니다. 예수님이 내 안에서 살아 역사하고 계시기 때문입니다.

예수님을 믿고 구원받은 성도들은 신분도 새롭게 바뀝니다.

구원받은 성도는 하나님이 택하신 족속입니다. 내가 예수 그리스도를 주라 시인할 수 있었던 것은 하나님께서 나를 만세전부터 예정하시고 택하셨기에 성령의 감동으로 확증되어진 것입니다.

구원받은 성도는 왕 같은 제사장입니다. 구원받은 하나님의 백성은 언제 어디서나 제사장의 직무를 수행해야 합니다. 제사장의 직무는 하나님께 예배드리는 것입니다. 즉 신령과 진정으로 예배드리는 예배자가 되어야 합니다. 어떤 상황에 처하든 내가 있는 곳에서는 먼저 예배가 드려져야 됩니다.

거룩한 나라입니다. 구원받은 성도는 여전히 세상 사람들과 더불어 세상 법의 적용을 받으며 살아갑니다. 하지만 세상에 살지만 더 이상 세상에 속해 있지 않습니다. 이제는 하나님 나라에 속한 사람입니다. 그렇기에 거룩하고 구별된 삶을 살아야 합니다.

구원받은 성도는 하나님의 소유된 백성입니다. 예수 그리스도의 십자가 고통과 죽음으로 죄값을 대신 치러주시고 우리를 백성으로 삼아주셨습니다. 하나님의 백성으로서의 본분을 잃지 말아야 합니다.

> "그러나 너희는 택하신 족속이요 왕 같은 제사장들이요
> 거룩한 나라요 그의 소유가 된 백성이니" 벧전 2:9

예수 그리스도를 믿는다는 것은 일종의 탈출입니다. 지금까지 붙잡고 있던 가치관 ─이성, 지식, 경험─ 에서 빠져나오는 것입니다. 죄와 죽음, 사망의 권세 아래서 영원히 벗어나는 것입니다.

진정으로 예수님을 영접했는지, 구원받은 하나님의 자녀로 살고 있는지 스스로를 점검해 볼 때입니다. 구원은 값없이 공짜로 주어집니다. 하지만 예수님은 우리를 구원하시기 위해 십자가에서 혹독한 대가를 치르셨다는 것을 기억해야만 합니다. 구원은 오직 예수 그리스도를 통해

서만 얻을 수 있습니다.

우리의 행위나 노력으로 구원받을 수 있다면 예수님이 이 땅에 오실 필요가 없었을 것입니다. 죄 값을 대신 치르려면 죄 없으신 하나님께서 십자가에 달려 돌아가시는 것 외에는 다른 방법이 없었기에 예수님이 사람의 몸을 입고 친히 이 땅에 오신 것입니다. 그 사실을 믿고 예수님을 구세주로 영접하면 구원받습니다. 그 외에는 다른 어떤 방법으로도 구원받을 길이 없습니다.

구원은 하나님이 값없이 주시는 선물인 은혜로 받는 것입니다. 다시 말해 우리는 예수 그리스도를 믿음으로 말미암아 영원하고 완전한 죄 사함을 얻습니다. 그리고 예수 그리스도와 영적으로 연합되어 하나님 앞에서 의인이라 칭함을 받게 됩니다. 또한 하나님의 자녀로서 하나님의 나라를 상속받게 되며 영원한 생명을 누리게 됩니다.

구원의 확신이란 내가 구원받은 하나님의 자녀임을 의심하지 않고 확실하게 인정하는 것입니다. 즉 하나님이 내 삶의 주인이시며, 예수 그리스도의 십자가 대속으로 인해 나의 모든 죄가 사함받았고, 사단이 더 이상 나를 주장하지 못한다는 사실을 흔들림 없이 인정하는 것입니다.

구원의 확신과 하나님을 인격적으로 경험한 것은 다른 것입니다. 구원의 확신은 종교적 체험이 없더라도 말씀에 의지해 자신이 구원받았다는 사실을 조금도 의심하지 않는 상태를 말합니다.

죄의 문제를 해결하지 않고는 어느 누구도 하나님 앞에 나아갈 수 없습니다. 문제는 인간 스스로 죄를 해결할 수 없다는데 있습니다. 구원은 십자가 위에서 자신의 몸으로 우리 죄의 문제를 해결하신 예수님께만 있습니다.

예수 그리스도를 자신의 구세주로 영접한 사람은 하나님의 자녀로 신분이 바뀌게 됩니다. 그래서 죄 사함을 받고 영생을 누리게 된 것은 자신의 의가 아닌 하나님이 일방적으로 주시는 선물, 즉 은혜로 말미암은 것을 알게 됩니다.

구원의 확신은 자동차의 휘발유와 같습니다. 믿음의 여정을 떠나는데 꼭 필요한 에너지원입니다. 예수님이 십자가 위에서 해결해 놓으신 구원을 받아들이고, 예수 그리스도를 전적으로 의지하며 그분과 동행하는 삶이 구원의 확신을 소유한 삶입니다. 그렇기에 생각이나 감정이 아닌 성경 말씀을 기초해 구원의 확신을 점검하는 것이 매우 중요합니다.

우리가 무언가를 해서 하나님이 우리 삶에 들어오시는 것이 아니라 하나님이 우리를 구원하심으로 우리가 예수그리스도의 생명 안에 들어가는 것입니다. (엡 2:8-9) 구원은 우리로부터 시작된 것이 아닙니다. 구원은 하나님께로 부터 시작된 것입니다. 우리의 행동이 우리의 구원을 이끌어 낸 것처럼 말한다면 우리를 높이는 셈이 됩니다. 구원은 하나님의 영역입니다. 하나님께서 모든 것을 시작하셨기에 우리가 하나님께로 나아갈 수 있는 것입니다. 하나님이 먼저 우리를 사랑하셨기 때문에 우리도 하나님을 사랑할 수 있는 것입니다.

예수그리스도를 통해 하나님이 이루신 일을 누리는 것이 은혜입니다. 구원을 위해 우리가 한 일은 아무것도 없습니다. 어차피 우리는 아무것도 할 수 없는 죽었던 존재이기 때문입니다. (요3:16, 요일4:10)

05

Eternal life

영생

영생은 예수님께 접붙임 되는 것입니다.

05 | 영생

예수께서 이르시되 나는 부활이요 생명이니 나를 믿는 자는
죽어도 살겠고 무릇 살아서 나를 믿는 자는 영원히 죽지 아니
하리니 이것을 네가 믿느냐 요 11:25-26

사람은 누구나 영원히 살기를 소망합니다. 그러나 사람은 질병, 노화
등 서서히 다가오는 죽음 앞에서 두려움을 느낄 수밖에 없는 연약한
존재입니다. 조금이라도 더 오래 살아보겠다고 갖은 방법을 동원해
보지만, 쏜살같이 빠르게 지나가 버리는 시간을 경험하면서 마지막엔
무력하게 한탄할 뿐입니다.

이렇게 우리 인간은 시간을 초월할 수 없을 뿐만 아니라 제한된 시간
안에서 시간의 영향을 받으며 살 수밖에 없는 존재입니다. 그래서 대개
칠팔십 년, 아니 길어야 백 년이라는 제한된 시간 동안 이 세상에 머무르
다 삶을 마감해야만 합니다. 누구도 예외일 수 없습니다.

예수를 믿든, 믿지 않든 우리의 본성 속에는, 이 땅의 삶을 마친 후 또
다른 세계가 기다리고 있을 것이라는 것을 막연하나마 인식하며 살아갑
니다. 죽음을 어떻게 해서라도 외면하고 싶고, 피해가고 싶겠지만 피할

방법은 없습니다. 그런데 정말 중요한 문제는 죽음이 끝이 아니라는 것입니다. 죽음이 모든 것을 잊을 수 있는 망각의 세계로 들어가는 것이라면 좋겠지만 그렇지 않다는 것이 문제입니다. 죽음 이후에는 반드시 하나님의 심판대 앞에 서야 된다고 성경이 말씀하고 있습니다.

만약 자신이 시간을 마음대로 조절할 수 있는 능력을 갖고 있다면 어느 누가 늙어 죽기를 기다리겠습니까? 조금이라도 더 오래 살기 위해 어떻게 해서든 시간을 조절하지 않겠습니까? 하지만 우리에게는 시간을 조절할 수 있는 능력이 주어지지 않았습니다. 우리는 시간의 제약을 받으며 제한된 시간 안에서 살아갈 수밖에 없는 유한한 존재인 것입니다.

시간의 주인은 따로 있습니다. 그분은 창조주 하나님입니다. 그분은 시간과 공간을 만드신 분입니다. 시간과 공간을 만드셨기에 시간과 공간의 영향을 받지 않을 뿐만 아니라 시간과 공간을 초월하시며 시간을 조절하시는 분입니다.

영원한 시간 속에는 우리에게 주어진 시간과 공간이 포함됩니다. 하지만 우리가 머무는 유한한 시간 속에는 영원한 시간이 들어올 자리가 없습니다.

하나님은 지금도 영원한 시간을 다스리고 계십니다. 이처럼 영원한 시간의 창조자이신 하나님께서 인간의 유한한 시간과 공간 속으로 들어오셨습니다. 그렇게 오신 분이 하나님의 독생자 예수그리스도입니다.

예수님은 사람의 시간과 공간 속으로 들어오셔서 죄로 인해 영원히 죽었던 우리를 대신해 십자가에 달려 혹독한 고통을 겪으시며 죽음을 맞이하셨습니다. 하지만 사망 권세를 이기시고 3일 만에 죽은 자 가운데서 부활하셨습니다. 그리고 우리에게 보혜사 성령님을 보내주시고, 우리의 처소를 예비하시려 다시 영원한 시간 속으로 돌아가셨습니다.

요15:5절에 예수님께서 "나는 포도나무요 너희는 가지이니"라고 말씀하십니다. 포도나무이신 예수님은 영원한 시간과 공간의 창조자요 주인이십니다. 가지가 포도나무의 본체에 붙어 있으면 포도나무의 모든 혜택을 누리게 됩니다. 다시 말해 포도나무의 본체 되신 예수님께 우리가 가지로 접붙임 되어 있으면 예수님의 생명이 그대로 우리에게 전수되는 것입니다. 영원히 죽을 수밖에 없던 우리가 영원한 시간의 주인이신 예수님과 더불어 영원한 시간 속에서 생명을 누리며 살게 되는 것입니다. 이것이 바로 '영생'입니다. 이렇게 영원한 생명의 주인이신 예수님을 우리 영혼 가운데 모신 것이 영생의 시작입니다. 이것은 예수님을 구주로 영접한 하나님의 자녀들이 영원히 누리는 축복입니다. 이렇게 예수님은 우리 모두를 예수님과 더불어 영원한 생명을 누리는 '영생'으로 초청하신 것입니다.

성경에서는 예수님을 믿지 않는 사람을 죽은 자라고 표현합니다. 죄의 저주 아래서 영원히 고통받아야 되는 사람들을 일컫는 말입니다. 반면 예수님을 믿는 사람들을 향해서는 '잔다'라고 말합니다. 나사로가 죽었을 때도 예수님은 죽었다고 표현하지 않으시고 "자고 있다"라고 말씀하셨습니다. 다시 깨어날 사람들이기 때문입니다. 생명이신 예수 그리스도가 그 속에 거하고 계시기 때문입니다. 주님이 다시 오시는 날 깨어나 주님과 더불어 영원한 생명을 누릴 것이기에 그렇게 말씀하신 것입니다.

예수님은 제자들에게 자신이 죽을 것과 다시 살아날 것임을 말씀하셨습니다. 이것은 십자가의 죽으심과 부활이 우연히 일어난 사건이 아니라 우리를 구원하시기 위한 하나님의 철저하신 계획 가운데 일어난 사건이라는 것을 말해 주는 것입니다. 사람의 몸을 입고 이 땅에 오셔서 가장 낮은 자들과 함께 하시고, 우리의 죄를 대속하시고자 십자가에서 죽으신 예수님이 부활하심으로 하나님의 아들이심을 밝히 드러내셨습니다. 그리고 하늘로 올라가시면서 우리에게 성령님을 보내주셨습니다. 바로 예수님께서 우리 안에 성령님으로 오셔서 역사하고 계신 것입니다.

갈2:20절 말씀은 부활하신 예수님을 믿는 사람의 삶의 방식을 잘 설명해주고 있습니다. 예수님의 죽음이 죄인이었던 나의 죽음이며, 부활하신 예수님과 연합됨으로 우리는 새로운 삶의 방식을 갖게 되었습니다. 그러므로 우리가 자아 중심적인 삶의 방식을 포기할 때 부활의 능력이 우리의 삶에 역사하십니다.

예수님의 삶과 죽으심은 그저 지나간 역사적 사실이 아닙니다. 예수님께서 부활하심으로 하나님의 구원 계획을 완성하셨으며, 우리에게 부활의 능력으로 살아갈 소망을 주신 것입니다. 이천 년 전의 사건이 현재의 나의 삶 속에 능력으로 나타나고 있는 것입니다. 그러므로 예수그리스도의 부활에 연합된 자로서 지금 어떤 삶을 살고 있나? 를 점검하며 부활의 증인된 삶을 살기를 새롭게 결단해야 합니다.

우리는 십자가에서 화목제물로 죽으신 예수그리스도를 추억하며 사는 사람들이 아니라 죽은 자 가운데서 부활하셔서 지금도 살아 역사하시는 예수그리스도와 관계를 맺고 사는 사람들이기 때문입니다.

가끔 외국에 나갈 때마다 느끼는 것이 있습니다. 자국인과 외국인의 입국심사 기준이 상당히 다르다는 것입니다. 자국인들은 여권만 보고 통과시킵니다. 하지만 외국인들에겐 여간 까다로운 게 아닙니다.

어느 나라 국적을 갖고 있느냐는 굉장히 중요한 문제입니다. 자신이 속해 있는 나라의 법이 자신에게 적용되기 때문입니다. 우리는 어느 나라에 속한 백성입니까? 영원한 생명의 법이 적용되는 하나님의 나라, 천국의 시민권자들 아닙니까?

그리스도인들은 현재 세상에 속해 살고 있지만 하늘나라 시민권을 소유한자들인 것 입니다.

> "그러나 우리의 시민권은 하늘에 있는지라 거기로부터 구원
> 하는 자 곧 주 예수 그리스도를 기다리노니 그는 만물을 자기
> 에게 복종하게 하실 수 있는 자의 역사로 우리의 낮은 몸을
> 자기 영광의 몸의 형체와 같이 변하게 하시리라" 빌 3:20-21

다시 말해 그리스도인들은 죽음의 저주에서 벗어나 영원한 생명

가운데 속한 하나님 나라의 시민권자들입니다. 그렇기에 이 땅에서 당당한 삶을 살아야 합니다. 예수가 그리스도 되심을 모든 민족과 열방에 전하는 부활의 증인으로 말입니다.

영생은 예수님께 접붙임 되는 것입니다.

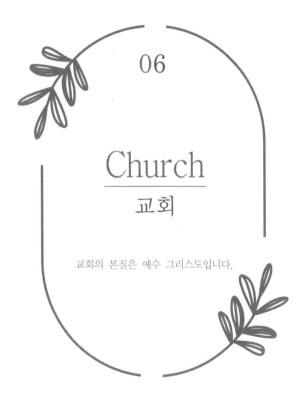

06

Church

교회

교회의 본질은 예수 그리스도입니다.

06 | 교회

그의 안에서 건물마다 서로 연결하여 주 안에서 성전이 되어

가고 너희도 성령 안에서 하나님이 거하실 처소가 되기 위하여

그리스도 예수 안에서 함께 지어져 가느니라 엡 1:21-22

세상은 갈수록 악해지고 있고 점점 음란해져 가기만 합니다. 이제 사람들은 어디에서도 영혼의 안식처를 찾을 수가 없습니다. 유일하게 기대할 곳이 남아 있다면 핏 값으로 사신 예수님의 교회일 것입니다.

그렇습니다. 교회는 세상의 소망이며 세상을 살릴 수 있는 유일한 대안입니다. 하지만 교회에 와서도 위로를 받을 수 없고 영혼의 쉼을 누릴 수 없다면 누가 교회를 찾겠습니까? 교회는 은혜의 통로로서의 역할을 다해야 합니다. 세상을 위한 구원의 방주가 되어야 합니다.

신앙생활을 하며 오해하기 쉬운 것이 있습니다. 교회와 예배당에 관해서입니다.

오래 전 여름에 경험했던 일입니다. 강원도에 큰 폭우가 쏟아져 상당한 피해를 입혔습니다. 당시 제가 출석하고 있는 교회 성도들이 수해복

구에 힘을 보태려 나섰습니다. 방송을 통해서도 봤지만 직접 가서 보니 피해는 실로 엄청났습니다.

산사태를 동반한 홍수가 교회를 휩쓸고 지나가 안타깝게도 교회 건물은 흔적도 없이 사라져버렸고 큰 흙더미만 쌓여 있었습니다. 다행히 그 교회 성도들은 모두 무사하고 복구가 끝나면 다시 아름다운 교회를 지을 것이라고 했습니다. 비록 예배드릴 처소는 없어졌지만 교회를 이루고 있는 성도는 그대로 존재하고 있었던 것입니다.

교회를 이야기할 때 보통 건축물로 지어진 예배당을 떠올립니다. 틀렸다고 단정 지을 수 없지만 건축물이 교회의 본질을 전부 말해 주는 것은 아닙니다. 홍수로 교회를 잃은 후에도 여전히 교회 이름으로 모이고 있는 성도들의 이야기가 교회의 본질을 이해하는데 도움이 될 듯합니다.

이스라엘 백성을 이끌고 애굽에서 탈출한 모세는 40년 동안 광야 생활을 했습니다. 이동을 멈추고 잠시 머물 때마다 모세가 가정 먼저 한 일은 제단을 쌓고 하나님께 제사를 드리는 것이었습니다.

이스라엘 백성의 후손 다윗은 왕이 되어 성전 건축을 시작하려 했습니다. 하지만 하나님은 다윗이 사람들의 피를 많이 흘리게 했다는 이유로 성전 건축을 허락하지 않으셨습니다.

그 후 다윗의 아들 솔로몬이 왕위에 오르고 나서야 오랜 기간을 거쳐 예루살렘 성전을 완공합니다. 성전 건축을 마친 솔로몬 왕은 하나님께 제사를 지내면서 기도합니다.

"하나님이 참으로 사람과 함께 땅에 계시리이까 보소서 하늘
과 하늘들의 하늘이라도 주를 용납하지 못하겠거든 하물며
내가 건축한 이 성전이오리이까 그러나 나의 하나님 여호와여
주의 종의 기도와 간구를 돌아보시며 주의 종이 주 앞에서
부르짖는 것과 비는 기도를 들으시옵소서 주께서 전에 말씀
하시기를 내 이름을 거기에 두리라 하신 곳 이 성전을 향하여
주의 눈이 주야로 보시오며 종이 이곳을 향하여 비는 기도를
들으시옵소서……" 대하 6:18-42

우주와 그 가운데 있는 만물을 지으신 하나님께서는 천지의
주재시니 손으로 지은 전에 계시지 아니하시고" 행 17:24

우주만물을 창조하신 하나님이 사람이 만든 공간에 갇혀 계실 수는
없겠지만 성전이라는 공간에서 기도하며 간구할 때 하나님께서 성전
안에 임재해주실 것을 간절히 구합니다.

이렇게 하나님과 사람들이 만나는 장소, 즉 외형적 건물로서 성전의
역사가 시작됩니다. 하지만 종교 지도자들은 본래 뜻과는 다르게 성전에
만 하나님이 계신 것처럼 건물을 신격화했고 절대화시켰습니다. 그리고
자신의 명예와 권력을 지키려는 이기적 수단으로 성전을 이용했습니다.
하나님의 백성들을 지배하고 억압하는 장소로 사용하기도 했습니다.

공생애를 시작하신 예수님께서 유월절에 예루살렘 성전으로 올라

가셨습니다. 거기서 "너희가 이 성전을 헐라 내가 사흘 동안에 일으키리라"(요 2:19)고 말씀하셨습니다. 이것은 예수님이 감당하실 십자가의 고난과 대속의 죽음, 부활을 예표하신 것입니다.

그리고 예수님께서 십자가에 달리셔서 고난을 당하시고 숨을 거두셨을 때 성전 안에 있던 성소의 휘장이 둘로 갈라졌습니다. 그때까지 성소에는 대제사장만 들어갈 수 있었습니다. 이제 예수 그리스도를 믿는 사람 누구나 하나님과 직접 만날 수 있는 길을 열어놓으신 것입니다.

또한 교회는 유형적으로 나타나 있는 건물이 아니라 예수 그리스도 자신이 교회라고 말씀하셨습니다.

> "또 만물을 그의 발아래에 복종하게 하시고 그를 만물 위에
> 교회의 머리로 삼으셨느니라 교회는 그의 몸이니 만물 안에서
> 만물을 충만하게 하시는 이의 충만함이니라" 엡 1:22-23

교회의 머리는 예수 그리스도이시며, 예수 그리스도의 몸이 교회입니다. 교회의 본질과 핵심은 바로 예수 그리스도입니다.

신약성경은 헬라어로 쓰였습니다. 헬라어로 교회를 '에클레시아'라고 합니다. 세상 속에서 구별해 밖으로 불러냄을 받은 사람들과 그들이 모이는 모임을 뜻하는 말입니다. 어둠에서 빛으로, 사망에서 생명으로, 지옥에서 천국으로, 사단의 세력에서 하나님의 자녀로, 종에

서 아들의 신분으로 불러냄을 받은 사람들과 그들이 모인 공동체를 말합니다.

베드로가 "주는 그리스도시요 살아 계신 하나님의 아들이시니이다" 라고 고백하자 예수님은 "내가 이 반석 위에 내 교회를 세우리니"라고 말씀하셨습니다. 반석은 예수님을 구세주로 고백한 사람들을 가리킵니다.

하나님은 예수님을 주로 고백하고 믿는 자들 안에 거하십니다. 예수 그리스도를 자신의 구세주로 믿고 고백하는 자들이 바로 교회라고 선포하신 것입니다.

오순절 날 마가의 다락방에 제자들이 모여 기도할 때 각 사람 위에 성령이 임하셨습니다. 성령 충만함을 받은 제자들은 예수 그리스도의 복음을 증거하기 시작했습니다. 교회 공동체는 이렇게 시작되었습니다.

교회를 이야기할 때 건물의 크기와 모이는 사람의 숫자를 보고 평가하는 것이 일반적입니다. 하지만 교회가 세상 문화를 따라가고 있고, 세속화되어있다면 교회로서의 존재가치는 이미 상실했다고 볼 수 있습니다. 교회는 세상과 달라야 합니다. 거룩과 순결이 교회를 교회되게 할 수 있습니다.

그렇기에 하나님의 교회된 우리 각 사람도 거룩과 순결을 유지해야 합니다. 교회가 거룩과 순결을 잃어버리면 부분을 잃는 것이 아니라 전부를 잃어버리는 것입니다.

교회는 십자가 보혈과 성령의 능력을 경험한 사람들의 모임입니다. 교회된 우리는 세상을 변화시킬 수 있는 유일한 희망이며 대안입니다.

하나님께서는 교회된 한 사람 한 사람을 통해 어둠의 세력에 묶여 있는 당신의 자녀들을 구원하고 사단이 점령한 세상을 회복시키고자 하십니다. 우리를 은혜의 통로로 사용하시는 것입니다.

건물로서의 교회도 중요한 역할을 합니다. 모일 수 있는 장소가 꼭 있어야 하기 때문입니다. 그렇다고 교회는 유형적 건물이라고 단정 지어서는 안 됩니다. 교회의 본질은 예수 그리스도입니다. 예수님을 구주로 고백한 한 사람 한 사람이 교회라는 사실을 잊어서는 안 됩니다.

교회에는 두 기능이 있습니다.

우선 모이는 기능이 있습니다. 경배와 찬양을 통해 하나님께 예배로 영광을 올려 드리는 것, 성찬과 세례를 베푸는 것, 말씀을 가르치고 양육하는 것 등이 이에 해당됩니다.

예수님은 "두세 사람이 내 이름으로 모인 곳에는 나도 그들 중에 있느니라"고 말씀하셨습니다. 가장 작은 단위의 교회는 우리 한 사람 한 사람이며 또한 가정입니다. 가정이 먼저 하나님의 교회가 되어야 하며, 가정을 통해 하나님의 임재와 천국을 경험해야 합니다.

"남편들아 아내 사랑하기를 그리스도께서 교회를 사랑하시고
그 교회를 위하여 자신을 주심 같이 하라 이는 곧 물로 씻어

말씀으로 깨끗하게 하사 거룩하게 하시고 자기 앞에 영광스러운
교회로 세우사 티나 주름 잡힌 것이나 이런 것들이 없이
거룩하고 흠이 없게 하려 하심이라" 엡 5:25-27

이러한 가정들이 모여 회중을 이루고 교회에서 모이게 됩니다. 외형적
건물이 중요한 이유입니다. 하나님이 교회를 통해 이루시려는 일들을
효과적으로 감당하기 위해 여러 조직과 제도를 필요로 합니다. 각 사람
의 은사에 따른 수고와 헌신도 필요합니다.

이런 사람들이 모인 교회 공동체는 시너지를 발휘해 큰일들을 감당
하게 됩니다. 연약한 사람들이 모인 곳이기에 세상의 잘 짜여진 조직과
비교해 엉성하게 보일 수 있습니다. 세상적인 관점에서는 적지 않은
문제점을 안고 있는 허술한 조직일 수 있습니다. 하지만 교회는 세상
권세가 결코 넘볼 수 없는 강력한 공동체입니다. 교회의 머리가 예수
그리스도이시기 때문입니다.

"또 내가 네게 이르노니 너는 베드로라 내가 이 반석 위에 내
교회를 세우리니 음부의 권세가 이기지 못하리라" 마 16:18

또 하나는 흩어지는 기능입니다. 교회의 머리되신 예수님은 공생애
기간동안 가르치고, 전파하시고, 고치셨습니다. 이제 교회의 몸된 우리
도 적극적으로 세상속에 들어가 교회의 머리되신 예수님처럼 가르치고,

전파하고, 고치며 선한 영향력을 끼쳐야 합니다. 예수 그리스도께서 우리를 사랑하신 것 같이 성도들과 연합해 이웃을 섬겨야 합니다. 소외되고 병든 자들을 돕고 구제하는 일을 통해 세상을 변화시켜야 합니다.

또한 예수님은 땅 끝까지 이르러 복음을 전하라고 명령하셨습니다. 아직 하나님을 알지 못하고 어둠의 세력에 묶여 죽어가는 영혼들에게 다가가 예수님이 그리스도 되심을 힘껏 알려야 합니다.

하나님은 말씀으로 세상을 창조하신 전지전능하신 분입니다. 말씀으로 무엇이든 할 수 있는 분입니다. 어찌보면 혼자 행하실 때 가장 편하게, 효율적으로 일할 수 있는 분입니다. 하나님에게 제일 불편한 것은 우리와 함께 일하는 것입니다.

그럼에도 불구하고 연약한 사람들과 더불어 동역하시는 것은 우리 한 사람 한 사람을 통해 당신이 사람을 얼마나 사랑하시는지 보여주시기 위함입니다. 물질과 명예, 권력을 소유하는 것만을 삶의 목적으로 삼고 살아가는 사람들로 하여금 예수님이 그리스도 되심을 깨닫게 하시려고 우리를 택하시고 사용하시는 것입니다.

그러므로 교회된 우리들은 믿음의 공동체인 교회를 통해서 양육과 훈련을 받고 경건한 신앙생활을 통한 모범을 보이며 하나님의 꿈과 비전을 이루어가는 교회로서의 역할, 즉 은혜의 통로로서의 사명을 감당해야 합니다.

하나님의 교회된 우리 한 사람 한 사람은 세상의 빛과 소금입니다.

빛과 소금은 존재하는 것 자체만으로도 세상에 엄청난 영향력을 끼칩니다.

우리는 어둠을 물리쳐야 한다고 말합니다. 그래서 많은 사람들은 어둠을 물리치기 위해 날선 칼을 휘두르기 시작합니다. 열심히 칼을 휘두른 결과가 어떻게 나타날까요? 아마 모두가 피투성이가 되어 있을 것입니다. 어둠은 물리치는 것이 아닙니다. 내가 있는 자리에서 작은 촛불 하나를 밝히는 것입니다. 우리 그리스도인들이 자신의 자리에서 작은 촛불 한 자루씩을 들기 시작하면 빛으로 이 땅에 오신 예수그리스도께서 어두운 세상을 밝혀주신 것처럼 어둠은 견디지 못하고 스스로 물러갈 것입니다. 또 우리가 머물고 있는 자리에서 예수그리스도의 제자 된 삶을 살아가는 소금의 역할을 한다면 상한 곳이 치유되고 회복되기 시작할 것입니다. 우리는 예수님의 핏 값으로 사신 교회입니다.

우리가 교회의 본질을 바로 알고 교회로서의 사명을 온전히 감당할 때 교회는 더욱 아름답게 가꿔질 것이며 세상의 소망으로 자리 잡게 될 것입니다. 세상을 변화시킬 수 있는 유일한 방법은 하나님의 교회가 거룩과 순결을 회복하고 유지해 가는 것입니다.

07

Holy sprit
성령

성령은 그리스도의 영 입니다.

07 | 성령

베드로가 이르되 너희가 회개하여 각각 예수 그리스도의 이름
으로 세례를 받고 죄 사함을 받으라 그리하면 성령의 선물을
받으리니 행 2:38

교회에 들어서면 눈에 보이지 않지만 무언가 따스한 기운이 감싸오는
것을 느낄 수 있습니다. 의자에 앉는 순간부터 왠지 모를 진한 감동이
일렁이며 눈가가 촉촉해집니다.

성령이 무엇이냐는 물음에는 선뜻 대답하기가 어렵습니다. 신앙생활
을 막 시작한 초보 신자에게는 더더욱 그렇습니다. 확실한 것은 아무데
서나 맛볼 수 없는 이러한 따스함과 포근함은 성령님이 임재하실 때만
가능하다는 것입니다.

성령님에 대해 명확한 이해를 갖고 있다면 보다 균형 잡힌 신앙생활을
해나가며 성숙한 신앙으로 자라게 될 것입니다. 그럼에도 불구하고
성령에 대해 이야기하는 것은 굉장히 조심스럽습니다.

신앙생활을 하는 사람에게 "당신은 정말 성령 충만한 사람입니다"라
는 말보다 더 좋은 칭찬은 없을 것입니다. 성령 충만이 신앙생활의 처음

이자 마지막이기 때문입니다. 또한 사역 가운데도 성령의 기름 부으심이 있어야만 많은 열매를 맺을 수 있습니다.

성령을 이해하기 위해서는 먼저 삼위일체 하나님에 대해 알아야 됩니다. 삼위일체 하나님은 논리적으로 설명하기가 쉽지 않습니다. 하지만 우리가 예수 그리스도를 믿으면 성령님의 감동에 의해 삼위일체 하나님이 같은 한 분임을 이해하게 됩니다. 다시 말해 믿음만이 삼위일체를 깨닫게 합니다.

성부 하나님은 모든 우주만물을 창조하신 분입니다.

"태초에 하나님이 천지를 창조하시니라" 창 1:1

성자 하나님은 하늘 보좌를 버리시고 인간을 구원하시고자 인간의 역사 속에 사람의 몸으로 오신 예수 그리스도입니다.

"말씀이 육신이 되어 우리 가운데 거하시매 우리가 그의 영광을 보니 아버지의 독생자의 영광이요 은혜와 진리가 충만하더라" 요 1:14

성령 하나님은 예수 그리스도가 살아계신 하나님의 독생자이심을 증거하려 영으로 우리에게 찾아오신 하나님입니다. 예수님이 부활 승천하실 때 우리에게 보혜사로 보내주신 분이며, 예수를 구주로 영접한 자에게 오셔서 믿는 자와 영원히 함께 계시는 분입니다.

> "내가 아버지께로부터 너희에게 보낼 보혜사 곧 아버지께로
> 부터 나오시는 진리의 성령이 오실 때에 그가 나를 증언하실
> 것이요" 요 15:26

성령님은 영이시기 때문에 보이는 형체도 없고 만질 수도 없습니다. 하지만 시간과 공간을 초월하시는 무소부재하신 분이시며, 지성과 감성, 의지를 지닌 인격체이십니다.

성령님은 성부 하나님께서 세상을 창조하실 때도 함께 계셨고 성자 예수님이 십자가에서 죽으시고 부활하셨을 때도 함께 계셨던 동일한 하나님입니다.

삼위일체는 성부, 성자, 성령으로 구별된 삼위가 계시지만 이 삼위가 한 분 하나님으로 존재한다는 것을 뜻합니다.

더욱 중요한 것은 마태복음 28장 19절을 통해 아버지와 아들과 성령 의 이름으로 세례를 주라고 명령하심으로서 우리 그리스도인들이 예배 하고 경배하는 하나님이 삼위일체 하나님이심을 선언하셨다는 것입니다.

삼위일체의 삼위는 세 위격이 있음을 뜻합니다. 위격은 지, 정, 의를 갖추고 있으면서 다른 인격체와 관계를 맺을 수 있는 인격적 존재를 의미합니다. 그리고 일체는 하나의 통일체, 하나의 본체 혹은 하나의 존재라는 뜻입니다.

정리하면 세 위격이 일체를 이룬다, 혹은 한 본체에 세 위격이 있다는 말입니다. 즉 삼위일체 하나님의 세 위격이 하나의 신적 본질을 공유한다는 말이 되는 것입니다.

다시 말해 삼위일체 하나님은 성부, 성자, 성령 세 위격의 통일체 입니다. 성부, 성자, 성령은 각각 구별된 인격이지만 이 삼위는 동일한 신적 본질을 소유하고 계신 것입니다. 또한 영광과 존귀와 능력 면에서 동등하시되, 세 분의 하나님이 계신 것이 아니라 한 분 하나님만이 존재하고 계시다는 말입니다.

하나님이 한 분이시라는 성경의 가르침은 성경이 계시하는 삼위일체 하나님만이 유일하신 참 하나님이심을 뜻합니다. 이 유일하신 참 하나님은 한 분 하나님 안에 세 위격이라는 다양성을 포함하고 계십니다. 그리고 그 다양성 속에서 하나 됨과 통일성을 유지하십니다.

그런 의미에서 하나님은 하나의 공동체라고 볼 수 있습니다. 다양한 세 위격이 상호내주적 관계를 통해 하나의 공동체를 이루고 있기 때문입니다. 성부는 성자와 성령 안에 온전히 내주해 계십니다. 성자는 성부와 성령 안에 내주해 계십니다. 성령은 성부와 성자 안에 내주해 계십니다.

성부, 성자, 성령이 각각 구별된 위격이지만 이 세 위격이 따로 분리되어서 개별적으로 존재하는 세 분의 하나님이 아니라, 상호내주 하심으로 하나의 통일체를 이루고 있는 한 분 하나님이시라는 것입니다.

삼위일체 하나님을 통해 우리가 배워야 할 것은 신앙공동체속에서 혼자 사역을 독점하여 일하는 것이 아니라 주변사람들과 연합해 아름다운 동역을 이루어가야 한다는 것입니다.

우리는 성령님이 하시는 일에 대해 알 필요가 있습니다.

성령님은 예수 그리스도를 증거하러 오셨습니다. 이천년 전에 육신의 몸을 입고 이 땅에 오신 예수님이 하나님의 아들이고 우리 죄를 담당하기 위해 십자가에서 죽으셨다는 사실이 우리 이성으로 깨달아질 수는 없습니 다. 성령님만이 예수님이 나를 위해 죽으시고 부활하신 구세주라는 것을 깨닫게 해주시는 것입니다.

성령님은 모르는 것을 알게 해주십니다. 하나님의 뜻은 우리의 지식이나 이성으로는 알 수 없습니다. 성령님의 지혜를 힘입을 때만이 하나님의 뜻을 분별할 수 있는 능력을 소유할 수 있습니다.

"보혜사 곧 아버지께서 내 이름으로 보내실 성령 그가 너희에게 모든 것을 가르치고 내가 너희에게 말한 모든 것을 생각나게 하리라" 요 14:26

성령님은 우리가 잘못 살아온 것을 책망하시며 가던 길에서 돌이켜 올바른 길로 가게 하십니다. 이 때 순종하는 것을 회개라고 합니다.

"그가 와서 죄에 대하여, 의에 대하여, 심판에 대하여 세상을 책망하시리라" 요 16:8

성령님은 우리가 진심으로 잘못을 인정하고 죄를 회개하면 죄 때문에 멀어졌던 하나님과의 관계에서 화해를 이루게 하십니다.

"나의 자녀들아 내가 이것을 너희에게 씀은 너희로 죄를 범하지 않게 하려 함이라 만일 누가 죄를 범하여도 아버지 앞에서 우리에게 대언자가 있으니 곧 의로우신 예수 그리스도 시라 그는 우리 죄를 위한 화목 제물이니 우리만 위할 뿐 아니요 온 세상의 죄를 위하심이라" 요일 2:1-2

성령님은 우리가 연약할 때 도와주십니다. 우리가 좌절하거나 고통 중에 있을 때 말할 수 없는 탄식으로 하나님께 친히 간구하시며 우리가 다시 일어설 수 있도록 용기를 주십니다.

"이와 같이 성령도 우리의 연약함을 도우시나니 우리는 마땅히 기도할 바를 알지 못하나 오직 성령이 말할 수 없는 탄식으로 우리를 위하여 친히 간구하시느니라" 롬 8:26

성령님은 교회를 존재케 하십니다. 우리를 교회로 불러주시고 교회의 지체가 되게 하시며 교회 공동체가 주님의 몸이라는 사실을 깨닫게 하십니다. 그리고 교회를 세워 가십니다. 또한 교회 안에서 사명을 잘 감당하게 하시고 예수 그리스도를 증거 할 수 있는 능력을 주십니다.

성령님은 믿는 자에게 영적 은사를 주십니다. 은사는 특별한 사람들에게만 주어지는 것이 아닙니다. 예수 그리스도를 세상에 증거하려 힘쓰는 모든 사람에게 주어집니다. 교회의 덕을 세우기 위해 은사를 허락하시기 때문입니다. 성령님은 믿는 자들을 인도하시고 가르치시며 무엇이 진실되고 거룩한지 깨닫게 하십니다. 또한 성령님은 자신을 앞세우지 않습니다. 하나님의 영광을 나타내고 예수 그리스도를 증거하는 일을 온전히 행하십니다.

예수 그리스도를 영접한 성도라 할지라도 마음 안에는 부단한 갈등이 있습니다. 우리의 타락한 본성이 온전히 성화되지 않았기 때문입니다. 성령님의 인도를 받는 양심의 소리와 타락한 본성의 유혹, 둘 중 하나를 택해야 하는 영적 상황에 늘 직면하게 됩니다.

> "누구든지 목마르거든 내게로 와서 마시라 나를 믿는 자는
> 성경에 이름과 같이 그 배에서 생수의 강이 흘러나오리라
> 하시니 이는 그를 믿는 자들이 받을 성령을 가리켜 말씀하신
> 것이라" 요 7:37-39

우리가 능력 있는 신앙생활을 하기 위해선 성령을 받아야 합니다. 성령 충만함을 받기 전 제자들은 예수님이 떠나시자 모두 흩어져 예전에 자신 이 있던 자리로 돌아가 버렸습니다. 예수님의 부활과 승천을 두 눈으로 직접 봤음에도 불구하고 말입니다.

그러나 오순절 날 마가의 다락방에 모였을 때 성령님이 충만하게 그들에게 임재 하셨습니다. 성령 충만함을 경험한 사람들은 변화되기 시작했습니다. 생각이 바뀌고 언어와 행동이 달라졌습니다. 예수 그리스도의 인격과 성품을 닮은 사람이 되어 갔습니다.

힘없고 연약했던 그들은 성령 충만함을 입은 뒤 담대하게 복음을 증거하기 시작했습니다. 그들은 죽음도 두려워하지 않았습니다. 순교도 기뻐하며 의연하게 받아들였습니다. 그들이 왜 그렇게 변화되었습니까? 자신의 생명을 맞바꿀 만큼 가장 가치 있는 일이 무엇인지를 깨달았기 때문입니다. 결코 변할 수 없는 목표가 정해졌기 때문입니다.

"너희가 회개하여 각각 예수 그리스도의 이름으로 세례를
받고 죄 사함을 받으라 그리하면 성령의 선물을 받으리니"
행 2:38

성령은 자신의 죄를 회개하고 예수님을 구주로 영접하면 하나님의 선물로 받을 수 있습니다. 성령님은 우리 안에 한 번 오시면 영원히 떠나지 않으시며 함께 계십니다.

우리가 성령을 받지 못하는 이유는 죄 가운데 있기 때문입니다. 이기적인 동기로 하나님께 나아가기 때문입니다. 내 생각과 경험, 자존심, 의지 등 나 자신을 내려놓아야 성령님을 만날 수 있습니다. 성령을 받아야 합니다. 성령의 지혜와 능력을 힘입을 때만이 우리의 사역 가운데 성령의 열매가 풍성하게 나타나며 세상을 이길 수 있습니다.

> "그러므로 내가 너희에게 알리노니 하나님의 영으로 말하는
> 자는 누구든지 예수를 저주할 자라 하지 아니하고 또 성령으
> 로 아니하고는 누구든지 예수를 주시라 할 수 없느니라"
> 고전 12:3

내가 예수 그리스도를 깨닫고, 영접하고, 하나님의 자녀가 된 것도 사실은 내가 한 것이 아니라 성령님이 나를 감동시키셨기 때문입니다. 그리고 성령을 받은 증거는 신앙생활을 통해 확인할 수 있습니다.

성숙한 그리스도인이 되기 위해서 성령 충만을 사모해야 합니다. 성령 충만은 능력이 아니라 내적 성숙이며, 무엇이든 수용할 수 있는 넉넉함과 더불어 과거로부터, 가치로부터, 소유로부터의 자유 함을 누릴 수 있기 때문입니다.

하나님이 우리에게 주신 가장 귀한 선물은 예수 그리스도입니다. 예수님의 십자가 대속으로 인해 우리 같은 죄인이 용서함을 받고 하나님의

자녀가 되었으며 영원한 생명을 받았습니다. 우리를 구원하시고자 예수님은 십자가 위에서 모든 법적 처리를 다 이루어 놓으셨습니다.

이 사실을 지성적으로 깨닫게 하고, 믿고 확신케 하며, 기쁨과 감격으로 누리게 하시는 분이 성령님이십니다. 이천 년 전 골고다 언덕의 십자가 위에서 이루어진 사건을 현재의 시간과 공간 속에 나의 것으로 만들어주시는 분이 성령님이십니다.

구약시대에 성령은 하나님이 택하신 백성 중에서도 특정 소수에게 일시적으로 임하셨다가 떠나가시곤 했습니다. 그러나 예수님이 부활 승천하신 후 성령님은 오순절 성령강림 사건을 계기로 예수를 믿고 영접한 모든 자에게 부어지고, 내주하시고, 영원토록 함께 거하기 시작하셨습니다.

물론 성령께서 영구적으로 내주하신다는 것이 자동적으로 성령 충만한 상태로 살게 될 것을 의미하는 것은 아닙니다. 우리 안에 내주하시는 성령은 우리의 죄악과 교만으로 인해 근심하기도 하시고, 탄식하기도 하십니다. 또한 소멸되기도 하시며, 끊임없이 기다려주시기도 합니다.

성령이 우리를 떠나신 것이 아닐까 종종 의심이 들 때가 있습니다. 특히 본의 아니게 죄를 지은 후 더욱 그런 생각을 하게 됩니다. 하지면 성령은 결코 우리를 떠나지 않으십니다. 단지 역사를 안 하실 뿐입니다.

역사를 안 하신다는 것은 성령의 충만한 영향력이 사라지는 것을 의미합니다. 성령이 우리를 떠나는 것을 의미하지 않습니다. 성령은 어떠한 경우에도 우리를 떠나지 않으십니다. 그러기에 우리는 성령을 근심케 하는 일을 하지 않아야 합니다.

성령에 대해 우리가 범하기 쉬운 오해 중 하나는 통성으로 열심히 부르짖기만 하면 성령이 충만해질 것이라는 생각입니다. 감정이 충만해진 상태를 성령 충만함을 받았다고 착각하는 경우도 많습니다.

성령은 하나님이시고 인격자이십니다. 모든 분야에서 그분의 주권과 통치권을 인정하고, 우리의 삶을 다스려주시기를 구할 때 성령이 우리 가운데 충만히 임하실 것입니다. 따라서 우리는 성령을 인격적으로 만나기를, 그분과 인격적으로 교제하기를 노력해야 합니다.

예수님은 본질적으로 신성을 지닌 참 하나님이시만 이 땅에 오실 때에는 인성을 지닌 참 사람으로 오셨습니다. 그렇기에 시간과 공간을 초월해서 일하지 않으셨습니다. 예수님은 부활하신 후 당신이 하늘로 가는 것이 우리에게 유익이라고 말씀하셨습니다. 그래야만 시간과 공간을 초월해 일하시는 보혜사 성령님을 보내실 수 있기 때문이었습니다.

보혜사 성령님은 언제 어디서나 우리와 함께 하십니다. 눈동자 같이 우리를 지키시고 보호하시는 무소부재하신 그리스도의 영이십니다.

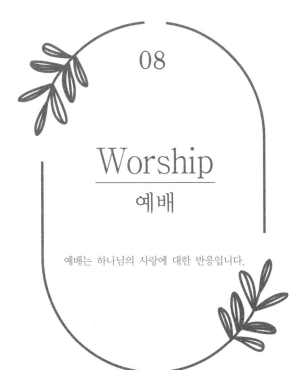

08

Worship
예배

예배는 하나님의 사랑에 대한 반응입니다.

08 │ 예배

하나님은 영이시니 예배하는 자가 영과 진리로 예배할지니라

요 4:24

예배는 주일 전날부터 시작됩니다. 깨끗한 옷을 준비하고 헌금을 정성스럽게 준비합니다. 주일을 기대하며 일찍 잠자리에 드는 것도 중요합니다.

주일 아침, 자신의 몸가짐을 점검한 후 예배 시간 전에 교회에 도착해 기도로 예배를 준비합니다. 예배 가운데 하나님의 영광과 임재가 함께 하시길, 하나님의 주권과 통치가 선포되어지길 구합니다. 그래서 예배에 참석한 모든 회중이 하나님 나라를 경험하고 예수님과의 구체적인 만남이 이루어지길 기도합니다.

설교 본문도 미리 찾아 읽고 묵상하면서 말씀을 전하실 목사님을 위해, 하나님께 경배와 찬양을 올려드릴 성가대를 위해 기도합니다. 대표 기도를 맡은 분을 위해서도 기도합니다. 예배에 참석하는 성도들이 모든 초점을 하나님께 맞추며, 어둠의 세력이 예배 가운데 일체 틈타지 못하기를 간절히 소원하는 기도를 합니다.

예배가 시작되면 주위에 시선을 빼앗기거나 다른 생각에 잠기지 말고 하나님께만 집중합니다. 설교 말씀을 노트에 기록하고 성가대와 더불어 기쁨으로 하나님을 찬양합니다.

가끔 주변에서 설교만 들으면 예배를 드렸다고 생각하는 분들을 보게 됩니다. 그렇지 않습니다. 예배는 하나님께 찬양을 올려드림으로 시작됩니다. 때문에 준비찬양이라는 용어는 잘못된 표현인 것 같습니다.

신앙고백과 기도, 성가대의 찬양, 말씀 선포, 헌금 봉헌, 성찬식, 목사님의 축도와 폐회송이 완전히 끝나기까지의 전 과정이 예배입니다. 예배는 균형이 이루어져야 합니다. 그렇기에 모든 과정을 다 참석해야 온전한 예배를 드렸다고 말할 수 있습니다. 어느 한 곳으로 치우치면 안 됩니다.

교회 사역이 바빠 예배를 온전히 드리지 못하는 경우가 많이 있습니다. 교회 사역이 예배보다 우선시 되는 것을 경계할 필요가 있습니다. 사역은 예배가 아닙니다. 하나님은 일꾼을 원하시는 것이 아니라 예배자를 원하십니다. 교회 봉사는 예배 전후 따로 시간을 내어 감당해야 합니다.

예배란 하나님께서 베풀어주신 은혜를 생각하며 우리의 마음과 정성을 다해 하나님께 경배와 찬양을 드리는 행위입니다. 기도하고 말씀을 듣는 것 그리고 예물을 드리는 것도 예배의 중요한 요소입니다.

신앙생활에서 가장 중요한 것이 무엇이냐고 묻는다면 주저 없이 예배 드리는 일이라고 말할 수 있어야 합니다. 예배는 성도가 무엇보다 우선해야 하는 의무 중 하나입니다. 하지만 예배가 의무감 때문에 어쩔 수 없이 해야 하는 행위라면 정말 부담스러울 수밖에 없을 것입니다.

"하나님께서 구하시는 제사는 상한 심령이라 하나님이여 상하
고 통회하는 마음을 주께서 멸시하지 아니하시리이다" 시 51:17

형식적이거나 의무감으로 드리는 예배는 원치 않으신다는 말씀입니
다. 만약 부부가 의무감 하나 때문에 마지못해 같이 살고 있다면 얼마나
힘들겠습니까? 또 자식이 그저 의무감으로 부모를 모신다거나 부모가
자식을 의무감으로만 건사한다면 결코 행복할 수는 없을 것입니다.

전에 "예배는 하나님과 키스하는 것이다!"라는 설교를 들은 적이 있습
니다. 처음에는 너무 불경한 표현 같아 불쾌했었습니다. 하지만 시간이
지나면서 키스한다는 말이 맞을 수 있겠다는 생각이 들었습니다. 키스는
아무하고나 하는 것이 아닙니다. 사랑하는 사이에서만 가능합니다.

사랑하기에 늘 곁에 있고 싶고, 하루라도 만나지 않으면 견디지 못하
는 사이, 만나면 마냥 좋아서 헤어지기 싫은 사이가 키스하는 사이 아니
겠습니까?

첫 사랑에 설레던 시절을 떠올려 보십시오. 사랑하는 사람을 생각만
해도 가슴이 뜁니다. 친구들과의 약속은 중요하지 않습니다. 사랑하는
사람을 보러 만사를 제쳐놓고 달려갑니다. 바로 그런 마음이 하나님께
예배드리는 마음이 되어야 합니다.

예배는 하나님과의 만남입니다. 사랑하는 하나님과 교제하는 것입니

다. 하나님께서 나를 더할 나위 없이 사랑하시기에, 내가 하나님을 너무나 사랑하기에 만나서 키스하는 것이 예배입니다.

사랑하는 사람이라면 시간을 쪼개서라도 만나려 합니다. 사랑하는 사람에게 조금이라도 예쁘고 멋있게 보이려 몸단장에도 정성을 들입니다. 늘 무언가 좋은 것을 주고 싶어 합니다. 자신이 귀하게 여기는 것을 내어 줘도 아깝지 않습니다.

그런데 하나님께 예배드리러 가는 우리의 태도는 어떻습니까? 습관적이거나 형식적으로 아니면 의무감 때문에 어쩔 수 없이 매주일 교회로 향하고 있지는 않습니까?

> "그러므로 형제들아 내가 하나님의 모든 자비하심으로 너희를
> 권하노니 너희 몸을 하나님이 기뻐하시는 거룩한 산 제물로
> 드리라 이는 너희가 드릴 영적 예배니라" 롬 12:1

잘못되었다고 단정할 수는 없지만 '예배를 보러 간다'는 표현은 바꾸는 것이 좋을 것 같습니다. 우리는 예배를 구경하러 가는 방청객이 아니라 하나님께 예배를 올려드리는 주체이기 때문입니다.

하나님께 예배드려야 하는 중요한 이유 가운데 하나는 예배가 하나님의 주권을 인정해드리는 행위이기 때문입니다. 하나님은 이 세상 온 우주만물을 창조하신 분입니다. 우리 인간도 하나님께서 만드셨습니다. 그분은 우리의 주인이십니다. 그 사실을 인정하는 것이 예배입니다.

우리는 범죄의 결과로 인해 영원한 사망과 저주 아래 놓여 있던 처지입니다. 예수님은 그런 우리 때문에 십자가에서 죽으셨습니다.

누가 나를 대신해 죽어줄 수 있겠습니까? 이것이 우리를 향한 하나님의 일방적인 사랑입니다. 혹독한 대가를 치루시고 우리에게 값없이 주신 선물이 은혜입니다. 하나님의 은혜를 입기 전후 자신의 모습을 되돌아보십시오. 어찌 하나님께 예배를 드리지 않을 수 있겠습니까?

영원한 형벌로 떨어질 수밖에 없던 우리를 구원하셔서 영원한 생명을 누릴 수 있도록 신분을 바꿔주신 하나님을 정말로 믿는다면 어찌 그분께 찬양과 경배를 올려드리지 않을 수 있겠습니까? 그 은혜가 너무나 고맙고 놀라워 하나님 앞으로 나아가게 되는 것입니다.

이 세상에서 자신의 생명보다 귀한 것은 없습니다. 우리에게 생명을 주신 분이 하나님이시고 그 사실을 믿음으로 받아들였다면 하나님께 드리는 예배보다 우선시 되는 것은 없어야 합니다. 만약 다른 것이 더 중요하게 여겨진다면 자신의 신앙을 다시 한번 점검해 봐야 합니다.

우리의 목표는 예수 그리스도이고 하나님의 나라입니다. 하지만 예수 그리스도를 바라보지 않고 기적이 일어나기만을 바랄 때가 많은 것 같습니다. 아마 이런 것이 인본주의 신앙일 것입니다.

지금 어떤 마음을 갖고 교회에 나가고 있으며 예배에 임하고 있습니까? 우리가 드리는 예배가 신령과 진정으로 하나님께 드려지는 예배가 되었으면 좋겠습니다. 하나님의 은혜를 노래하며 늘 예배의 감격 속에 빠져드는 그런 예배를 드렸으면 좋겠습니다. 우리가 어떤 모습으로 이 세상을 살아가느냐 하는 문제는 중요합니다. 그러나 그것보다 더 중요한 문제는 하나님께 올려드리는 예배의 성공은 인생의 성공이고, 예배의 실패는 인생의 실패임을 알아야 합니다. 우리가 예배를 드린 후 예배당 문을 나설 때 내가 드린 예배를 하나님께서 기뻐 받으셨을까? 를 고민하며 예배당 문을 나설 수 있는 그런 예배를 드려야 됩니다.

그리스도인은 상식과 이성으로 사는 사람들이 아닙니다. 하나님의 은혜와 사랑으로 사는 사람들입니다. 하나님의 사랑에 대한 우리의 반응이 예배입니다. 예배의 거룩함이 회복되어야 합니다. 거룩함의 회복은 나로부터 시작됩니다. 모든 생활이 예배로부터 시작되며, 주님의 교회로부터 시작되는 것이 축복입니다. 예배를 향한 발걸음 안에 하나님이 주시는 기쁨과 평안과 자유함이 있습니다.

예배는 하나님의 사랑에 대한 반응입니다.

09

Praise
찬양

하나님을 기뻐하는 것이 진정한 찬양입니다.

09 | 찬양

그리스도의 말씀이 너희 속에 풍성히 거하여 모든 지혜로 피차
가르치며 권면하고 시와 찬송과 신령한 노래를 부르며 감사
하는 마음으로 하나님을 찬양하고 골 3:16

찬양은 하나님의 은혜를 깨달은 사람들에게 자연스럽게 일어나는
반응입니다. 그렇기에 우 리는 하나님께서 베풀어주신 은혜를 생각하며
찬양을 드립니다. 그리고 찬양 가운데 임재하시는 하나님을 경험하며
기뻐합니다.

"할렐루야 내 영혼아 여호와를 찬양하라 나의 생전에 여호와
를 찬양하며 나의 평생에 내 하나님을 찬송하리로다"
시 146:1-2

그렇습니다. 하나님의 은혜를 생각하면서 어떻게 찬양을 하지 않을 수
있겠습니까? 우리가 가진 모든 것을 동원해 하나님을 찬양해야 합니다.
평생 쉬지 않고 하나님을 찬양한다 해도 받은 은혜를 보답하기에는 여전

히 부족할 것입니다.

사실 찬양이 지극히 당연한 것임에도 불구하고 하나님은 우리가 찬양할 때 많은 은혜를 베풀어주십니다. 먼저 하나님을 찬양하면 우리를 넘어뜨리려는 사단의 세력이 무력화 됩니다. 그리고 우리는 강한 군사로 거듭나게 됩니다.

또한 찬양하는 중에 성령의 기름 부으심을 경험하게 됩니다. 그래서 성령의 감동과 충만한 임재 가운데 예배 속으로 들어가게 합니다. 그 결과 마음을 하나님께 집중시키고, 하나님의 말씀을 사모하게 하며 기도할수 있는 마음을 열어줍니다.

찬양하는 모습은 제각기 다르게 나타날 수 있습니다. 어떤 사람은 예수그리스도께서 베풀어 주신 은혜만 떠올리면 아무 소리도 내지 못하고 눈물만 훔칩니다. 어떤 사람은 감격에 겨워 손뼉치고 춤추며 은혜를 노래하기도 합니다.

그렇기에 조용히 잠자코 있다고 해서 기쁨과 감격이 없기 때문이라고 단정 지어서는 안 됩니다. 보수적이고 구태의연한 신앙 탓이라고 몰아가서도 안 됩니다.

내면의 생각이 밖으로 드러나게 되어 있는 것은 부인할 수 없습니다. 하지만 더 중요한 것은 개개인이 어떤 마음으로 예배 안에 머물고 있는지 우리가 판단할 수 없다는 것입니다. 고조된 감정이 외적으로 나타나야 올바르게 찬양하고 있다는 선입견도 경계해야 될 것입니다.

예수 그리스도의 놀라운 사랑을 경험하고 소유한 사람들이 그 은혜에 감사해 하나님을 경배하며 찬양을 드립니다. 어떤 모습으로 찬양을 하든 그 중심은 오직 하나님만이 아십니다. 우리의 잣대로 판단하고 해석한다면 하나님께서 우리에게 주신 다양성을 부인하는 일이 될 것입니다.

일률적으로 똑같이 박수를 치거나 특정 형태를 연출하는 것이 어쩌면 온전한 찬양의 모습이 아닐 수도 있습니다. 손을 들고 큰소리로 외쳐 찬양하는 때도 있고, 묵상하듯 조용히 하나님을 바라보는 경우도 있는 것입니다.

온 힘을 다해 예배드린 뒤 현실의 삶에서 말씀의 명령대로 행동하는 실천이 따라주지 않는다면 오히려 그것이 외식일 것입니다. 하나님께서 각 사람에게 주신 다양성과 겉으로 표현되지 않는 내면의 열정을 함께 인정하는 것이 신앙의 균형이 아닐까 생각합니다.

예수님께서도 당시 종교 지도자들을 향해 외식하는 자들이라고 책망하셨습니다. 왜 그러셨을까요? 종교 행사만 난무할 뿐 신앙의 본질이라 할 수 있는 하나님의 용서, 십자가의 사랑이 빠졌기 때문이 아니었을까 추측해 봅니다.

하나님의 긍휼한 마음은 뒤로 빠뜨린 채, 내 생각과 맞지 않는다는 이유로 다른 성도를 비판하고 정죄하는 심판자 자리에 앉아 있은 것은 아닌지 점검해볼 일입니다. 만약 그 자리에 내가 있다면 예수 그리스도의 핏 값으로 사신 교회로서의 영향력은 잃게 될 것입니다.

"옳다", "틀렸다"를 판단하기에 앞서 죄로 얼룩진 자신의 모습을 다시 한번 되돌아보면 좋겠습니다. 나를 구원해주신 하나님을 찬양하는 일만 남겨져 있을 것입니다.

> "그러므로 우리는 예수로 말미암아 항상 찬송의 제사를 하나님께 드리자 이는 그 이름을 증언하는 입술의 열매니라 오직 선을 행함과 서로 나누어 주기를 잊지 말라 하나님은 이 같은 제사를 기뻐하시느니라" 히 13:15-16

하나님 앞에서 진정으로 나의 정체성을 깨달았다면 나의 온몸을 드려 그분을 찬양할 수밖에 없을 것입니다.

많은 연습 시간을 거쳐 하나님께 찬양을 올려드리는 성가대, 앙증맞게 율동을 하며 드리는 어린 아이들의 찬양, 두 손 들고 눈물 흘리는 어르신 등 각기 다른 모습으로 찬양하지만 어떤 형태이든지 찬양하는 모습은 아름답습니다.

성경을 보는 2가지 방법으로 찬양하는 자세에 대해 생각해 볼 수 있을 것 같습니다.

첫 번째는 성경을 통해 '남'을 보는 방법입니다. 남을 보면 판단하게 됩니다. 비판하게 됩니다. 그리고 마지막엔 정죄하게 됩니다. 그러나 예수님은 우리에게 정죄하지 말라고 말씀하셨습니다.

두 번째는 성경을 통해 '나'를 보는 방법입니다. 성경을 통해 보니 나는 영원히 죽을 수밖에 없는 죄인입니다. 죄인인 나에겐 구원자이신 예수님이 꼭 계셔야 합니다. 예수님이 십자가에서 혹독한 고난을 당하시며 베풀어주신 구속의 은혜를 생각할 때마다 고맙고 놀라워 입술로, 몸짓으로 찬양할 수밖에 없습니다.

만약 이 사실을 깨닫지 못한 채 찬양을 하고 있다면, 사람들이 우리 찬양실력을 보며, 어떤 평가와 반응을 보일까를 염두에 두고 찬양하고 있다면, 그것은 찬양이 아닌 한낱 노래자랑에 지나지 않을 것입니다.

하나님의 놀라운 은혜와 크신 사랑을 고백하는 것, 하나님의 존재하심으로 인해 기뻐하며 감사드리는 것이 진정한 찬양입니다. 하나님께서 흠향하시는 찬양을 올려드려야 합니다.

"왕이신 나의 하나님이여 내가 주를 높이고 영원히 주의 이름을 송축하리이다 내가 날마다 주를 송축하며 영원히 주의 이름을 송축하리이다" 시 145:1-2

우리의 마음과 정성을 드려 진정으로 찬양을 올려드릴 때 내면의 상처가 치유되고 회복이 일어납니다. 찬양은 성령의 감동과 충만한 임재를 경험하게 합니다. 영적 싸움에서 승리할 수 있도록 주님의 능력을 덧입혀 주십니다. 찬양 중에 임하시는 하나님의 나라를 경험하려면 예수그리스도의 구속의 은혜를 깊이 묵상하며 찬양의 자리에 서야 합니다.

10

Prayer
기도

기도는 하나님의 지경으로 들어가는 것입니다.

10 | 기도

너희가 내 안에 거하고 내 말이 너희 안에 거하면 무엇이든지
원하는 대로 구하라 그리하면 이루리라 요 15:7

초보 신자에게 신앙생활을 하면서 가장 어려운 것 하나를 꼽으라면
아마 기도라고 답할 것입니다. 어떻게 기도해야 잘하는 기도인지 궁금해
하는 경우가 많습니다. 교회생활을 오래 하신 분들 중에서도 모임에서
대표 기도를 부탁하면 손사래를 치며 당황해하는 분들이 적지 않습니다.
모인 사람들이 듣기 좋게 기도할 줄 모른다는 뜻이 담겨 있는 것 같습니
다.

기도의 초점이 조금은 잘못 맞춰진 듯 보입니다. 기도의 대상은 분명
하나님 아버지이신데도 말입니다.

우리의 기도를 들어주시고 응답해주시는 분은 하나님이십니다. 기도
는 성령님의 인도하심을 따라 예수님의 이름으로 하나님의 임재 앞에
나가는 것입니다.

여기서 분명히 알아야 할 것은 하나님께서 우리의 노력이나 정성 때문
에 기도를 들어주시는 것이 아니라는 것입니다.

구원해 주신 것만 해도 분에 넘치는데 우리가 무슨 자격이 있어서 하나님께 요구할 수 있겠습니까? 그럼에도 하나님이 우리의 기도에 귀 기울이시는 것은 우리가 예수 그리스도의 이름으로 기도하기 때문입니다.

"너희가 내 이름으로 무엇을 구하든지 내가 행하리니 이는
아버지로 하여금 아들로 말미암아 영광을 받으시게 하려
함이라" 요 14:13

우리가 기도하지 않는 이유는 정말 어렵지 않고 갈급하지 않기 때문입니다.

더 나아가 하나님을 신뢰하지 않기 때문입니다. 회복은 기도할 때 경험되어 지고, 보이지 않던 것이 보이기 시작하며, 들리지 않던 것이 들리기 시작하는 능력이 있습니다.

그러면 어떤 자세로 기도하는 것이 옳은 것인지 생각해 보겠습니다.

기도는 영적 호흡이라고 합니다. 문제는 우리가 호흡의 중요성을 절실히 느끼고 있느냐는 것입니다. 사람은 숨을 멈추고 3~4분을 견디기 힘듭니다. 5분도 채 견디지 못하고 죽습니다.

그런데도 기도하지 않고 지내는 삶에 별 갈등이 없습니다. 영적으로 죽어있음에도 불구하고 말입니다. 조금 심하게 말해 영적으로 죽은 시체들이 교회 안에서 돌아다니고 있다고 해도 틀린 표현은 아닐 것입니다.

기도는 하나님과의 교제이며 대화입니다. 그것은 어려운 일이 아닙니다. 복잡한 미사여구를 동원하지 않아도 괜찮습니다. 부모와 자식 간의 대화처럼 자연스러운 것입니다.

누군가와의 친분을 과시할 때 자주 통화한다고 어제도 만나서 얘기했다고 말하곤 합니다. 반대로 대화가 없다는 것은 관계가 소원해졌다는 뜻이 됩니다. 그런데 우리는 하나님과의 대화가 끊겼는데도 그분과 친한 사이라고 착각하며 살고있는 것은 아닌지 모르겠습니다.

서로 말하지 않고 지내는 부부가 있다고 해봅시다. 두 사람 사이에는 항상 찬바람이 일어납니다. 눈도 마주치려 하지 않습니다. 조금만 잘못 건드려도 폭발할 것처럼 긴장감이 팽배해 있습니다.

하지만 아버지와 자녀 사이는 다릅니다. 대화가 막히고 어색해졌다 해도 아버지는 마음을 열고 자식이 다가오기만을 기다립니다. 언제든 자신의 모든 것을 자식에게 부어주려 준비하고 있습니다. 그것이 아버지의 마음입니다. 우리 아버지들도 이럴진대 하물며 우리를 대신해 십자가를 짊어지신 하나님 아버지는 어떻겠습니까?

> "여호와께서는 너희를 자기 백성으로 삼으신 것을 기뻐하셨
> 으므로 여호와께서는 그의 크신 이름을 위해서라도 자기
> 백성을 버리지 아니하실 것이요 나는 너희를 위하여 기도하기
> 를 쉬는 죄를 여호와 앞에 결단코 범하지 아니하고 선하고
> 의로운 길을 너희에게 가르칠 것인즉 " 삼상 12:22–23

왜 기도하기를 쉬는 것이 죄라고 하는지 생각해 보겠습니다.

하나님은 힘 있고 능력이 있으셔서 못하실 것이 전혀 없는 분입니다. 머리끝에서부터 발끝까지 한 사람 한 사람의 모든 것을 알고 계십니다. 이런 하나님이 우리에게 인격과 자유의지를 주셨습니다. 우리가 성품과 의지를 다해 하나님과 교제하기를 원하시는 까닭입니다.

하지만 하나님의 의도와 달리 우리는 자신의 지식과 경험, 이성에 주로 의지하려 합니다. 기도하지 않고 스스로 문제를 해결해보려 노력합니다. 바로 이것이 하나님께 죄를 범하는 것입니다.

급박한 상황에 처했을 때도 무릎 꿇고 도움을 구하는 대신 조급한 마음에 우선 내가 나서서 막아보려 합니다. 이렇게 하나님을 먼저 찾지 않고, 하나님께 의지하지 않는 것이 죄입니다.

하나님의 입장에서 생각해 보십시오. 창조주이신 하나님의 능력을 믿지 못하기에 피조물인 우리가 기도하지 않는 것 아닐까요? 하나님이 틀림없이 응답해주신다는 확신이 있다면 왜 기도하지 않겠습니까?

조금 과장해 말하면 피조물이 기도하지 않는 것은 창조주이신 하나님을 치욕스럽게 만드는 것입니다. 이것이 하나님 앞에 범죄입니다.

우리의 삶은 하나님이 마련해 놓으신 시간표 안에서 움직이고 있습니다. 그렇기에 우리를 위한 하나님의 계획이 무엇인지 깨닫게 해달라고 구하는 것이 바른 기도입니다. 하지만 하나님은 육신을 입은 우리가 살아가는데 필요한 것들도 채워주시는 분입니다. 구하기만 하면 필요에 따라 주시되 넘치게 주십니다. 더불어 하나님의 뜻을 구하는 기도는 날이 갈수록 영적인 성장을 이루게 하지만 자신이 원하는 것만을 구하는 기도는 영적 정체에 빠지게 합니다.

우리는 시간 탓을 가장 많이 합니다. 워낙 바쁘게 살다보니 기도할 시간이 부족하다고 이유를 댑니다. 앞으로 시간이 나면 열심히 기도하겠다고 수도 없이 다짐합니다. 하지만 가만히 생각해 보십시오. 바빠질수록 우리 삶에 위험요소와 실패할 확률이 그만큼 늘어나고 있는 것입니다. 그렇다면 오히려 기도 시간을 늘려 도우심의 손길을 구하는 것이 당연한 이치일 것입니다. 시간이 없다는 이유로 기도하지 않는다면 실제로 위험에 처했을 때 어떻게 대처할 것입니까?

예수님도 공생애 기간 중 더욱 기도 시간을 늘리셨습니다. 온종일 사역에 시달린 뒤에도 한적한 곳을 찾아 하나님과 교제하셨습니다. 수많은 사람들이 당신을 따라다녀 시간 내기가 만만치 않았음에도 기도는 꼭 챙기셨습니다. 모두가 잠든 새벽 미명에도 기도하는 자리를 마련 하셨습니다. 기도에 게으른 우리가 깊이 생각해 봐야 할 점입니다.

빌립보서 4장 13절에 "내게 능력 주시는 자 안에서 내가 모든 것을 할 수 있느니라"는 말씀이 있습니다. 나는 한계를 지닌 나약한 존재지만 하나님께서 내게 들어오시면 모든 상황을 바꿀 수 있고 어떤 어려운 처지에서도 회복될 수 있는 사람이 됩니다. 그 열쇠는 바로 기도입니다. 하나님께 기도할 때 그런 능력을 소유하게 됩니다.

기도는 우리의 인생을 인도하는 나침판 역할을 합니다.

앞날이 어떻게 될지 내다볼 수 있는 사람은 아무도 없습니다. 바로 내일 어떤 일이 벌어질지조차 우리는 알 수가 없습니다. '잘 되겠지!' 하는 막연한 기대를 갖고 하루하루 살 뿐입니다. 편안한 삶을 보장해 줄만한 것이 없는 것입니다.

또한 신앙생활은 영적 싸움입니다. 우리를 넘어뜨리려는 어둠의 세력이 끊임없이 우리를 공격합니다. 그래서 마음과 달리 실족하고 마는 경우가 얼마나 많은지 모릅니다.

하지만 하나님은 우리가 기도할 때마다 잘못된 길에서 돌이켜 다시 바른 길로 가도록 이끌어주십니다. 기도를 통한 하나님의 인도하심을 받지 못한다면 우리 인생은 결국 심각한 상태에 이르고 말 것입니다.

기도를 떠올릴 때마다 즐겨 암송하는 성경 구절이 있습니다. "구하라 그리하면 너희에게 주실 것이요 찾으라 그리하면 찾아낼 것이요 문을 두드리라 그리하면 너희에게 열릴 것이니"라는 마태복음 7장 7절 말씀입니다. 모든 문제의 해답처럼 보입니다. 그래서 주저 않고 내게 필요한 것을 구하고 두드리고 찾게 됩니다. 물론 잘못된 것은 아닙니다.

하지만 성경은 "오직 성령이 너희에게 임하시면 너희가 권능을 받고 … "라고 말하고 있습니다. 우리에게 성령이 임하실 때 하나님의 주시는 권세와 능력을 힘입고 하나님의 뜻 안에서 하나님이 원하시는 일을 할 수 있다는 뜻입니다.

그렇다면 이제 무엇을 구하고 두드리고 찾아야 하겠습니까? 성령님이 나의 영혼에, 나의 삶에 충만히 임하시길 기도해야 되지 않겠습니까?

내가 원하는 결과를 정해 놓고 하나님의 뜻을 구하는 것은 옳지 않습니다. 기도는 내 뜻을 관철시키기 위한 도구가 아닙니다. 하나님의 뜻을 구하고 그 뜻대로 행하기 위해 내가 움직이기로 결단하는 것이 기도입니다. 나의 생각과 판단을 내려놓고 하나님이 지시하는 음성을 듣는 것입니다.

"즐거워하는 자들과 함께 즐거워하고 우는 자들과 함께 울라"
롬 12:15

성도들에게 중보기도는 대단히 중요합니다. 중보기도로 서로의 짐을 나눠지는 것이 진정한 교제이며 사랑일 것입니다. 사실 남의 아픔에 동참하기가 쉽지 않습니다. 하지만 그것이 내 문제이고 내가 당하고 있는 고통이라면 얘기가 달라집니다. 상대방이 처한 입장을 깊이 공감하면 기도에 임하는 마음이나 기도하는 내용이 분명 이전과 같지 않을 것입니다. 상대방이 처한 상황들이 내 문제라는 절박함으로 기도하는 것이 온전한 중보기도입니다.

금식기도 역시 매우 중요합니다. 하나님은 금식하며 기도할 때 우리를 둘러싸고 있는 흉한 결박을 풀어준다고 하셨습니다. 단순히 음식을 먹지 않는 수준에서 머물면 안 됩니다.

금식은 자기가 이제까지 좋아하고 사랑하던 것들을 포기하는 것입니다. 자기를 부인하고 자신의 모든 것을 주님 발 앞에 내려놓는 것입니다. 내가 가진 모든 것이 내 것이 아니라 주님의 것임을 인정하는 것입니다. 갖지 못한 자들의 고통을 함께 느끼며 그들을 긍휼히 여기는 마음을 갖는 것입니다.

인간적인 계획과 수단을 내려놓고 먼저 하나님께 기도하는 것이 올바른 신앙입니다. 기도는 최후의 수단으로 사용하는 것이 아닙니다. 최우선으로 해야 하는 중요한 일입니다.

내가 꾀하고 도모하는 일은 모두 내가 바삐 움직여야만 결과를 얻을 수 있습니다. 안타까운 것은 그 어떤 것도 내가 바라는 결과를 보장해 주지 못한다는 것입니다. 하지만 기도하면 하나님께서 움직이십니다. 하나님께서 일하시는 내 인생에는 늘 풍성한 열매가 열릴 것입니다.

예수님께서 "너희가 땅에서 매면 하늘에서도 매일 것이요 무엇이든지 땅에서 풀면 하늘에서도 풀리리라"고 말씀하셨습니다. 이와 같이 먼저 땅에서 푸는 행위가 기도 아니겠습니까?

기도는 자신의 무능함을 하나님 아버지께 솔직히 고백하는 겸손의 표현입니다. 나는 못하지만 아버지는 힘 있고 능력이 있으셔서 못하실 것이 전혀 없다는 믿음과 신뢰의 표현입니다.

기도의 능력에 대해 생각해 보겠습니다. 우리가 살아가면서 자신이 발휘할 수 있는 최대한의 능력을 다한다 해도 결국 인간의 한계를 뛰어

넘을 수는 없습니다. 그러나 기도한다는 것은 나의 한계를 넘어 하나님의 지경으로 들어가 하나님의 능력을 경험한다는 이야기입니다. 그럴때 이제까지 경험해 보지 못한 하나님의 경륜들을 내 삶속에서 경험할 수 있는 것입니다. 그것은 나의 이성과 지식 경험을 초월하는 경험입니다.

또한 기도는 하나님의 사랑을 깨닫는 축복의 통로입니다. 받으려는 우리의 마음보다 주시려는 아버지의 마음이 더 크다는 사실을 깨닫게 되기 때문입니다. 이렇듯 기도는 청구서가 아닙니다. 아버지와 자녀라는 관계의 본질로 돌아가는 것입니다.

기도의 가장 큰 축복은 나 스스로 경작하던 지경의 경계선을 허물고 하나님이 일하시도록 자리를 내어드리는 것입니다. 하나님의 무한한 지경으로 들어가 하나님 아버지의 관리를 받는 것입니다.

만왕의 왕이신 하나님의 자녀답게 자신에게 다가오는 모든 환경에 예수 그리스도의 이름을 선포하며 나가야 합니다. 기도에 능력이 있는 것이 아니라 기도할 때 성령의 능력이 나타나는 것입니다. 기도는 하나님의 자녀들이 누릴 수 있는 특권입니다.

그리고 기도하는 자는 절대 망하지 않습니다. 기도는 우리의 삶을 변화시키는 하나님의 능력입니다.

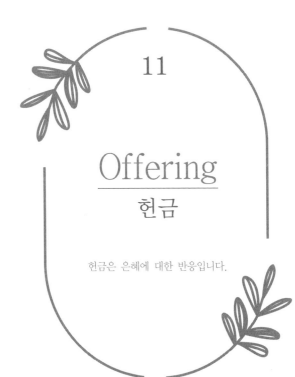

11

Offering

헌금

헌금은 은혜에 대한 반응입니다.

11 | 헌금

여호와의 이름에 합당한 영광을 그에게 돌릴지어다 제물을
들고 그 앞에 들어갈지어다 아름답고 거룩한 것으로 여호와께
경배할지어다 대상 16:29

교회생활을 하다보면 가끔씩 헌금을 어떻게 드리는 것이 옳은 방법
이냐는 질문을 받을 때가 있습니다.

생활이 윤택해 넉넉히 헌금을 드릴 수 있으면 좋겠지만 사정이 여의치
못해 헌금이 부담스러운 분들이 늘고 있는 것 같습니다. 물질 때문에
교회에서까지 움츠러드는 성도들이 적지 않다는 것도 부인할 수 없습
니다.

헌금으로 인해 마음이 상하는 일은 없었으면 좋겠습니다. 하나님은
우리의 사정을 누구보다 잘 알고 계신 분입니다. 그렇기에 하나님은
물질에 앞서 우리가 당신을 얼마나 사랑하고 있는지 중심을 살펴보시는
분입니다.

어려운 중에도 쪼개고 아껴 정성을 다해 헌금을 드리는 성도들도
많습니다. 귀하고 아름다운 신앙의 모습입니다. 그리고 대부분 자신에게

베풀어주신 하나님의 은혜에 감사해 헌금을 드립니다. 하지만 헌금이 의무이고 규율이라면 얼마나 마음이 짐스럽고 무겁겠습니까?

교회라는 조직을 운영하고 유지하기 위해, 교회가 돌봐야 할 어려운 이웃과 교회의 본래 사명인 복음전도와 선교를 감당하기 위해서는 많은 재정이 필요합니다. 그리고 재정은 성도들의 헌금으로 마련되고 집행됩니다. 교회의 지체로서 거룩한 부담감은 가져야 합니다. 하지만 너무 무리한다거나 어쩔 수 없이 억지로 드리는 것은 피하는 것이 좋을 것 같습니다.

성경에도 헌금에 관련된 장면이 여러 군데 나옵니다. 그중 십일조에서 갈등하는 분들이 의외로 많습니다. 헌금(예물)은 중요한 예배 요소 가운데 하나입니다. 구약시대에도 하나님 앞에 나갈 때 반드시 제물을 준비했던 것을 볼 수 있습니다.

얼마 전 한 성도가 십일조 헌금을 반드시 내야만 하냐고 물어왔습니다. 솔직히 명쾌한 답을 드리기가 쉽지 않았습니다. 다만 하나님과 나 자신과 의 관계를 생각해 보는 것이 질문에 대한 대답이 될 것 같아 이렇게 말씀 드렸습니다.

"내가 숨을 쉬며 살아가고 있고, 이런 모습 저런 모습으로 삶을 꾸려가고 있는 것은 하나님께서 허락하셨기에 가능한 일입니다. 내가 가진 지식과 경험, 건강한 몸으로 경제활동을 하고 물질을 취하고 있지만 하나님께서 오늘이라는 시간을 주셨기에 얻을 수 있는 것 아니겠습니까? 만약 하나님께서 오늘을 주시지 않았다면 내가 이 세상에서 취할 수 있는 것은 아무것도 없습니다. 우리는 당연히 내일 아침을 맞을 것이라고 여기지만 그것은 자신만의 생각일 뿐입니다. 하나님이 내일을 허락하지 않으신다면 내게는 오직 오늘만 있을 뿐입니다. 나의 힘으로 무엇인가를 이룰 수 있다는 생각은 분명 착각입니다. 그것은 우리가 교만하기 때문이 아닐까 싶습니다."

같은 맥락에서 십일조를 생각해 보겠습니다. 하나님께서 우리에게 물질을 주셨습니다. '십'을 주셨습니다. 그 중 "십분의 구"를 우리에게 소유권을 이전해 주셨습니다. 사실 '아홉'도 하나님 것이지만 잘 사용하며 관리하라고 우리에게 맡기신 것입니다.

나머지 '일'은 처음부터 우리에게 허락된 부분이 아니란 생각입니다. 하나님 것이기에 당연히 하나님께 돌려드려야 됩니다. 갈등하고 말고 할 필요가 없습니다. 내 것이 아니기에 내가 마음대로 사용하면 안되는 것입니다.

십일조 헌금을 다른 말로 표현하면 우리의 삶에서 하나님을 인정해 드리는 표현이라고 할 수 있을 것입니다. 그런데 "십의 십"이 모두 내 것이라고 생각하고 '십'의 '일'을 떼어내려니 갈등이 생기는 것입니다. 액수가 적을 때는 그런대로 괜찮지만 액수가 점점 불어나면 '일'도 같이 커지면서 그만큼 갈등이 깊어집니다.

하지만 저는 십일조가 헌금이 아니라고 생각합니다. 내 것을 드려야 드릴 "헌" 자를 쓰는 헌금이 될 텐데 십일조는 원래 내 것이 아니라 하나님의 것을 하나님께 돌려드리는 것이기 때문입니다.

내게 허락하신 아홉을 허투루 쓰지 않고 잘 관리하다 일상에서 감사의 조건을 발견했을 때 아홉의 일부를 감사의 표현으로 드리는 것이 진정한 헌금 아니겠습니까?

말라기서 3장에 십일조에 관한 말씀이 있습니다.

> "만군의 여호와가 이르노라 너희의 온전한 십일조를 창고에 들여 나의 집에 양식이 있게 하고 그것으로 나를 시험하여 내가 하늘 문을 열고 너희에게 복을 쌓을 곳이 없도록 붓지 아니하나 보라" 말 3:10

하나님께서 돈이 없어서, 물질이 필요해서 우리에게 십일조를 요구하는 것일까요? 그렇지 않습니다. 오히려 우리가 하나님을 하나님으로 인정해 드리게 하는 적극적인 사랑의 표현이 아닌가 싶습니다. 하나님은 우주만물의 주인이십니다. 물론 모든 물질의 주인도 하나님입니다.

"네 보물(물질) 있는 그곳에는 네 마음도 있느니라"는 말씀이 있습니다. 하나님의 교회와 복음 전파를 위해 많은 물질을 드릴 수 있다면 얼마나 좋겠습니까? 하지만 드린 물질이 넉넉지 않다고 해서 마음가짐이 잘못되었다고. 헌금을 제대로 못했다고 볼 수는 없습니다.

예수님을 모르고 어둠의 세력에 묶여 고통받고 있는 사람들에게 복음을 전하기 위해 우리에게 주신 시간과 물질, 은사를 기꺼이 포기하는 것, 주님의 일을 위해 자신의 것을 손해보며 기꺼이 헌신하고 희생하며 산제사를 드리는 것이 진정한 의미의 헌금이 아닐까 싶습니다.

헌금은 하나님을 향한 우리의 신앙고백입니다.

12

Ritual
예식

성례는 하나님의 사랑을 경험하는 것입니다.

12 | 예식

　기독교에는 굉장히 중요한 두 가지 예식이 있습니다. 이 예식을 성례
전이라고 합니다. 성례전은 세례와 성찬을 의미하는 것으로 '거룩한 예
식' 이라는 뜻을 갖고 있습니다. 기독교의 핵심 예식 중 하나입니다.

　천주교는 오늘날까지 전부 일곱 성례전을 지키고 있습니다. 하지만
개신교에서는 종교개혁의 전통을 이어받아 예수님께서 직접 제정하신
세례와 성찬, 두 예식만을 성례전으로 지키고 있습니다.

　성례전은 십자가에 달려 죽으시고 부활하신 예수 그리스도와 그 분을
나의 구주, 나의 하나님으로 영접한 그리스도인들이 연합했다는
증표로서 예수님께서 우리에게 허락하신 예식입니다.

　또한, 성례전은 예수 그리스도의 삶, 죽음, 부활, 성령님의 임재를
통해 우리 안에서 일어나는 신비한 변화를 받아들이는 대사건이기도
합니다. 예수 그리스도 안에서 하나 된 성도들이 어린양의 혼인 잔치를
미리 맛보는 예식입니다.

　성례전은 모든 그리스도인에게 하나님의 은혜를 전달하는 방편입
니다. 예수님이 친히 정하셨습니다. 성례전은 하나님의 은혜의 선포와

이에 대한 예배자들의 감격에 찬 응답이 진지하게 나타나는 현장입니다.

성례전은 하나님의 사랑이 얼마나 크고 놀라운지 우리가 직접 볼 수 있게 하신 은혜의 사건이며, 성도들 간의 공동체 의식을 거듭 확인하는 예식입니다.

성례전을 통해 우리는 예수님이 우리 안에, 우리가 예수님 안에 거하는 연합의 기쁨을 확인하며, 그 은혜를 각자의 삶 속에서 지속적으로 누리게 됩니다.

성례전은 하나님의 은혜가 예수 그리스도 안에서 어떻게 우리에게 나타났는지를 보여줍니다. 사람에게는 어떠한 공로도 없음을, 오직 하나님 그 모든 것을 이루셨음을 알게 하는 깊은 의미가 담긴 예식입니다.

성례전은 한 사람 한 사람을 그리스도의 사람으로 변화시키고, 새로운 차원의 삶을 경험케 하는 신비한 능력을 갖고 있습니다.

이처럼 성례전은 예수 그리스도의 인격, 그 분의 보내심, 그 분의 현재적 활동을 지속시키는 수단이 됩니다. 우리의 믿음을 굳건하게 하며, 교회를 통해 예수 그리스도의 구원이 전파되고, 그리스도인 한 사람 한 사람의 삶 가운데 명확히 적용되게 하는 역할을 담당합니다.

이러한 이유로 성례전은 예수 그리스도의 복음이 이 땅에 전파되기 시작한 때부터 오늘날에 이르기까지 말씀 선포와 더불어 교회의 중요한 예식으로 자리 잡아 왔습니다.

성례전의 두 요소 중 하나인 '세례'는 본성적으로 악한 우리의 육체가 죽고, 그리스도 안에서 다시 태어나는 것을 상징하는 의식입니다. 세례는 헬라어로 '밥티스마'입니다. '물로 씻다' 혹은 '물 속에 잠기다'라는 뜻을 갖고 있습니다. 문자적으로 '침례'를 의미하나 보통 '세례'로 번역해 사용하고 있습니다.

일반적으로 세례는 성부, 성자, 성령의 이름으로 행해집니다. 이는 우리가 예수 그리스도를 통해 죄 씻음 받고 구원받았음을 증명하는 것입니다. 이제부터 예수 그리스도의 사람이 되어 하나님의 자녀답게 살아가기로 하나님과 사람 앞에서 결단하는 예식이라 할 수 있습니다.

예수님은 태어나신지 8일 만에 율법의 규례에 따라 할례를 받으셨으며, 메시아로서 공생애를 시작하시면서 스스로 세례도 받으셨습니다. 세례를 인정하셨음은 물론, 제자들에게 세례의 의미가 무엇인지도 가르치셨습니다. 더 나아가 세례를 베풀 것을 명령하기도 하셨습니다.

세례는 죄 사함을 받는 일뿐만 아니라 성령을 받는 일에도 밀접하게 연관되어 있습니다. 그리고 항상 '예수 그리스도의 이름으로' 행해졌습니다.

또한, 세례는 죄 용서함을 받았음을 의미하는 구원의 표입니다. 구원받은 하나님의 자녀로서 선한 양심을 품고 하나님의 말씀을 좇아 살겠다고 결단하는 것입니다.

세례는 예수 그리스도의 사람이 되는 결정적 사건입니다. 세례는 자신의 죄를 고백하고 회개해 하나님으로부터 사함 받았음을 확증하는 예식입니다. 그래서 로마서 6장 4절에서 "우리가 그의 죽으심과 합하여 세례를 받음으로 그와 함께 장사되었나니"라고 표현하고 있는 것입니다.

세례는 새로운 피조물로서 예수 그리스도 안에서 새롭게 탄생했음을 의미합니다.

> "그런즉 누구든지 그리스도 안에 있으면 새로운 피조물이라
> 이전 것은 지나갔으니 보라 새것이 되었도다" 고후 5:17

세례는 그리스도와 하나 되는 연합을 의미하며, 크리스천 공동체의 일원이 되게 하는 의식입니다. 세례를 통해 우리를 나뉘게 하는 모든 요인, 즉 나라와 민족, 계급, 지식수준, 빈부 격차 같은 모든 장벽으로부터 자유하게 됩니다.

종교개혁자 칼빈은 세례를 교회 공동체 안으로 들어가는 입문 과정으로 이야기했습니다. 또한, 세례가 그리스도인 개개인이 예수 그리스도와 새로운 관계를 맺게 되는 입회식이라고 말하기도 했습니다.

이와 같이 모든 그리스도인은 세례를 통해 그리스도의 몸을 구성하는 거룩한 교회의 한 지체가 됩니다. 그리고 교회의 주인 되시는 예수 그리스도와 유기적 연합을 이뤄 지속적인 교제와 헌신을 할 수 있게 됩니다.

일반적으로 세례를 베푸는 의식은 물속에 온몸을 잠그는 방식, 몸의 일부분에 물을 붓는 방식, 머리에 물을 뿌리는 방식 등으로 행해집니다.

어떤 의식이든 그것은 형식적인 절차일 뿐입니다. 의식 자체에 커다란 의미를 부여해서는 곤란합니다. 교회가 각자 처한 상황에 맞게 세 방식 중 하나를 정해 행하면 되는 것입니다.

참고로 초대교회 당시 사용했던 세례에 관한 고문서에는 다음과 같이 기록되어 있습니다.

세례에 관하여는 이렇게 하라. 곧 성부와 성자와 성령의 이름으로 흐르는 물에서 세례를 주라. 만일 흐르는 물이 없으면 다른 물로 세례를 주라. 찬 물에서 세례를 줄 수 없다면 따뜻한 물로 하라. 만일 둘 다 없으면 성부와 성자와 성령의 이름으로 세 번 머리에 부으라. 그리고 세례 전에 세례자나 수세자, 그리고 다른 사람들도 금식하도록 하라. 특별히 수세자 에게는 이삼일 전에 금식을 명하라.

우리가 세례를 받아야 하는 이유는 예수님께서 친히 세례를 받으셨으며, 부활하신 후 만난 제자들에게 세례를 명령하셨기 때문입니다.

"그러므로 너희는 가서 모든 민족을 제자로 삼아 아버지와 아들과 성령의 이름으로 세례를 베풀고 내가 너희에게 분부한 모든 것을 가르쳐 지키게 하라" 마 28:19-20

그리고 베드로를 비롯한 사도들이 예수님의 명령에 따라 성부, 성자, 성령의 이름으로 세례를 주기 시작한 이래 이천 년 교회 역사 동안 중단

되지 않고 계속 이어져 온 예식이기 때문이기도 합니다.

세례의 자격 요건은 학력이나 사회적 지위 같은 세상적인 기준이 아닙니다. 우선 자신이 주님 앞에서 죄인임을 고백해야 합니다. 그리고 예수 그리스도를 구주로 믿는 믿음과 예수 그리스도로 인한 구원의 확신이 있으면 됩니다. 초대교회 이후 지금까지 분명한 회개와 신앙고백 만 있으면 누구에게나 세례가 허락되었습니다.

베드로의 설교를 듣고 회개했던 삼천 명은 바로 그 날 세례를 받았습니다. 빌립으로부터 복음을 전해 들은 내시도 물 있는 곳에 이르자 세례받기를 원했고, 빌립은 즉시 세례를 베풀었습니다.

세례는 예수 그리스도께서 직접 정하신 성경이 가르치고 있는 예식입니다. 세례는 교회 공동체의 일원으로 받아들여지는 엄숙한 입회 과정일 뿐만 아니라 그리스도인 개개인이 이제 하나님 은혜의 언약 백성이 되었음을 확인하는 증표입니다. 그리스도 예수 안에서 새로운 피조물 되었음을 하나님과 교회 앞에서 공표하는 복된 예식입니다.

그렇기 때문에 세례는 이 세상 끝 날까지, 예수님께서 심판의 주로 이 땅에 재림하시는 그 날까지 교회 안에서 계속 이어져야 합니다.

성례전의 또 하나의 중요한 예식인 '성찬'은 고린도전서 10장 16절에 언급된 "그리스도의 피에 참여함"이라는 말에서 유래되었습니다. 친교를 뜻하는 '코이노니아'라는 단어에서 파생된 성찬은 동일한 목적 아래 모인 무리들이 정신적으로나 물질적으로 공동의 생활을 영위하는 것을 의미합니다.

성찬은 교회 안의 친교 개념을 넘어 예수 그리스도 안에서 공동체 내의 모든 형제자매가 하나 되어 모든 삶을 함께하고자 하는 기독교 공동체의 본질을 일컫는 말이기도 합니다.

성찬은 예수 그리스도께서 잡히시던 밤에 친히 제정하신 예식입니다. 또한, 하나님의 아들이신 예수 그리스도께서 인류의 죄를 대신해 십자가를 지심으로 우리를 모든 죄악으로부터 구원해 주신 구속사건을 기념하는 예식입니다.

이 예식은 단순히 이천 년 전의 역사적 사건을 회상하는 순서가 아닙니다. 지금 이 시간, 이 자리에서 죄를 지어 죽을 수밖에 없었던 나를 위해 피 흘리신 예수 그리스도의 희생을 되새겨 보는 것입니다.

성찬은 예수 그리스도와의 연합을 기념하는 예식입니다. 성찬을 통해 그의 몸과 피를 먹고 마심으로 예수 그리스도와 하나 되는 놀라운 경험을 하게 됩니다. 예수 그리스도께서 내 안에, 내가 예수 그리스도 안에 거하는 이 신비한 연합의 역사를 통해 이제 주님의 몸을 구성하는 한 지체로서 주님과 하나 되어 살아갈 수 있는 것입니다.

이를 통해 우리 그리스도인은 예수 그리스도 안에서 모두 다 한 형제요 한 자매가 되어 서로 교제할 수 있습니다. 사랑의 띠로 하나 되어 살아가는 친밀한 관계를 이루는 것입니다.

성찬은 예수 그리스도의 죽으심을 전하는 것입니다. 사도 바울은 고린도전서 11장 26절에서 "너희가 이 떡을 먹으며 이 잔을 마실 때마다 주의 죽으심을 그가 오실 때까지 전하는 것이니라"라고 말했습니다.

주의 죽으심을 전한다는 말씀은 오늘날 부고장을 돌리듯 단순히 예수님이 돌아가셨다는 소식을 전하라는 뜻이 아닙니다. 그분의 죽으심이 무엇 때문이었으며, 누구를 위한 것이었는지, 그리고 그분의 죽으심으로 우리에게 어떤 일들이 일어났는지 분명하게 알리라는 것입니다. 한마디로 예수 그리스도의 십자가 복음을 전하라는 의미입니다.

예수님은 제자들과 함께한 최후의 만찬 식탁에서 우리가 행하고 기념해야 할 성찬 예식의 모범을 보여주셨습니다. 고전 11:23~29절 말씀을 살펴보십시오.

예수님께서 먼저 떡을 취하셨습니다. 취하신 떡을 들어 하나님께 축사하셨습니다. 그것을 쪼개면서 자신의 찢겨질 몸과 일치시키셨습니다. 제자들에게 그 떡을 나눠주시면서 "받아먹으라. 이것은 너희를 위해 상한 내 몸이라!"라고 말씀하셨습니다.

식후에 다시 포도주가 담긴 잔을 드셨습니다. 그 잔을 들고 감사기도를 드렸습니다. 잔을 제자들에게 나누시며 "이것을 마시라. 이것은 죄사함을 얻게 하려 많은 사람을 위하여 흘리는바 나의 피, 곧 언약의 피니라"고 말씀하셨습니다.

교회는 예수님이 보이신 예식에 기초해 성찬식을 거룩한 예식으로 지켜왔습니다. 성찬 예식에서의 '잔'은 하나님의 진노를 의미합니다. 인류를 구원하기 위해 예수님이 공의의 하나님으로부터 받아야 했던 하나님의 진노의 잔이었습니다.

산모가 아기를 낳을 때의 고통은 누구도 대신할 수 없습니다. 오직 산모 홀로 겪어야 합니다. 이처럼 포도주가 담긴 잔은 예수님이 고독하게 감당해야 했던 '죽음의 잔'이었습니다.

예수님께서 모든 인류의 구원을 위해, 공의의 하나님으로부터 받아야 했던 하나님의 진노의 잔이었습니다. 마치, 산모가 아기를 낳을 때의 그 고통은 누구도 대신할 수 없으며, 오직 산모만이 홀로 감당해내야 하듯이, 오직 한 분 예수님 홀로 감당해내야 했던 '죽음의 잔'이었습니다.

'떡'은 예수 그리스도의 몸을 의미합니다. 예수님은 요6:51절에서 "나는 하늘에서 내려온 살아있는 떡이니 사람이 이 떡을 먹으면 영생하리라 내가 줄 떡은 곧 세상의 생명을 위한 내 살이니라 하시니라"고 말씀하셨습니다.

예수 그리스도께서 떡을 떼어 제자들에게 주신 것은 육신이 떡을 먹어야 살 수 있듯 우리의 영혼도 생명의 떡이신 예수 그리스도의 몸을 먹어야만 살아갈 수 있다는 것을 깨닫게 하기 위해서였습니다.

예수 그리스도의 죽으심이 나의 죄를 대신한 죽음이라는 것을 믿음으로 받아들일 때 생명의 떡으로 오신 예수 그리스도와 내가 하나로 동화 되는 역사가 일어나게 됩니다. "이제는 내가 사는 것이 아니요 오직 내 안에 그리스도가 사시는 것이라"고 고백하는 놀라운 성령의 역사가 일어나게 되는 것입니다.

내가 그리스도와 함께 이천 년 전의 십자가에 못 박혀 죽는 역사가, 내 안에 오직 한 분 예수 그리스도만이 사시는 역사가 일어나게 된다는 것입니다. 이것이 성찬의 신비입니다.

예수 그리스도의 십자가 죽으심과 부활하심에 담겨 있는 놀라운 성령의 역사입니다. 그래서 초대교회는 예수 그리스도의 부활 승천 후에 사도들에 의해 성찬 예식을 매 주일 철저하게 지켰으며, 그 전통은 오늘날까지 교회의 핵심이 되어 왔습니다.

예수 그리스도께서는 교회를 위해 거룩한 예식으로 '세례'와 '성찬'을 제정해주셨습니다. 성례전은 말씀 선포와 함께 교회의 표지 역할을 감당하고 있습니다. 그래서 성례전은 우리 그리스도인들이 예수 그리스도의 몸 된 교회의 한 지체로 살아가기 위한 필수적 과정입니다. 우리 모두가 예수 그리스도와 연합되어 있음을 증거하는 중요한 예식 입니다.

세례를 통해, 그리고 성찬을 통해 우리 모두를 향한 하나님의 크고 놀라운 사랑과 은혜를 직접 목격하고 경험하게 되는 것입니다.

그리스도인은 예수 그리스도를 떠나서는 한순간도 살 수 없는 존재입니다. 성례전에 참여해 예수 그리스도와 내가 하나 된 기쁨을 누리십시오. 예수 그리스도의 살과 피를 먹고 마시며 그분과 연합된 감격을 맛보며 살아가야 합니다.

세례 예식과 성찬 예식을 통해 예수 그리스도의 한량없는 은혜와 사랑을 감격해 하고 감사하는 우리가 되었으면 좋겠습니다. 예수가 그리스도 되심을 모든 민족과 열방에 전하는 삶을 살기로 결단하는 마음이 날마다 우리 가슴에 뜨겁게 용솟음치기를 간절히 바랍니다.

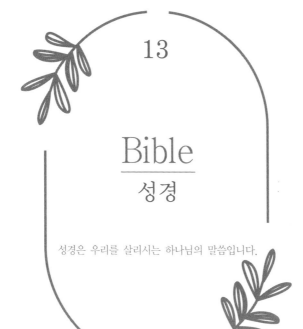

13

Bible
성경

성경은 우리를 살리시는 하나님의 말씀입니다.

13 | 성경

너희가 성경에서 영생을 얻는 줄 생각하고 성경을 연구하거

니와 이 성경이 곧 내게 대하여 증언하는 것이니라 <u>요5:39</u>

기독교 신앙은 자신이 생각하고 있는 하나님, 자기가 만들어 낸 하나님 이 아니라 성경말씀을 믿는 것입니다. 성경말씀 속으로 들어가야 이제까지 자신의 이성, 지식, 경험 등으로 형성되어졌던 신앙의 고정관념을 내려놓기 시작합니다.

하나님의 자녀는 말씀의 가르침을 받아야 합니다. 그리고 말씀 속에서 하나님나라의 법도와 규칙을 배워야 합니다. 교회가 말씀의 인도를 받을 때만이 세상과의 싸움에서 승리할 수 있습니다. 교회가 세상 것에 초점을 맞추면 세속적인 가치관이 하나님의 나라(교회)를 침범해도 무감각해 져서 본질을 잃어버리고 약화되기 쉽습니다.

우리는 매일 거울을 봅니다. 거울을 보는 이유는 자신이 자신의 모습을 볼 수 없기 때문입니다. 거울을 보면서 헝클어진 머리 모양을 바로 다듬 고, 옷매무새를 정리하는 등 흐트러진 자신의 모습을 바로잡아 가기 시작합니다. 만약 거울이 없다면 이런 일들은 남이 대신해 주어야

할 것입니다. 하지만 남이 해준다 해도 거울을 보지 않는 한 자신의 모습이 어떤지 알 수는 없습니다. 자신의 모습을 정확히 볼 수 있어야 자신이 어떤 문제가 있는지 알 수 있고, 또 교정할 수 있습니다.

그리스도인들은 수시로 말씀의 거울에 자신의 모습을 정직하게 비춰봐야 합니다. 그리고 거울에 비추어진 자신의 모습을 성경의 말씀대로 끊임없이 교정해 가야 합니다.

우리들은 신앙생활을 하면서 상대적인 평가를 통해 자신을 볼 때가 많습니다. 그렇기에 남들을 보면서 내가 더 신앙적으로 성숙되어 있고, 도덕적으로 윤리적으로 깨끗하다고, 자신을 합리화 시킬 때가 얼마나 많은지 모릅니다. 하지만 말씀의 거울에 비친 자신을 바라보면 그제서야 말씀과 많이 다른 자신의 모습을 발견하게 됩니다. 이처럼 말씀이란 거울에 자신을 비추어 보아야 비로소 일그러져있던 자신의 모습을 발견할 수 있고, 자신의 참 모습을 발견할 수 있어야 회복할 기회도 가질 수 있습니다.

성경공부는 매우 중요합니다. 기독교 신앙은 성경으로부터 시작되기 때문입니다. 성경만이 모범답안입니다. 하지만 모범답안이 제시해 주는 것처럼 삶을 살지 않고, 또 교정해 가지 않는다면 말씀은 우리 삶에서 아무런 능력도 드러내지 못한다.

우리가 일상생활에서 사용하는 모든 전자기기에는 제조사에서 제공하는 사용설명서가 있습니다. 사용설명서를 숙지하고 잘 따라 하기만

하면 기기의 성능을 최대한 활용할 수 있습니다.

사람에게도 매뉴얼이 있습니다. 그 매뉴얼은 바로 성경입니다. 매뉴얼이 명령하는 대로 순종하며 살 때 우리의 삶이 비로소 창조하신 분이 의도한 가치를 드러내기 시작합니다.

> "우리가 하나님을 사랑하고 그의 계명들을 지킬 때에 이로써
> 우리가 하나님의 자녀를 사랑하는 줄을 아느니라 하나님을
> 사랑하는 것은 이것이니 우리가 그의 계명들을 지키는 것이라
> 그의 계명들은 무거운 것이 아니로다" 요일 5:2-4

성경은 삼위일체 하나님과 인간의 구원에 관해 쓰인 책입니다. 그리고 하나님은 우리를 향한 당신의 마음과 사랑을 성경 말씀을 통해 성령으로 감동시키시고 깨닫게 하십니다. 그런 성경이 우리 삶에서 얼마나 중요한 위치를 차지하고 있는지 점검해 볼 필요가 있습니다.

주일 예배 때 설교 본문 말씀을 찾아보는 것 외에는 성경을 펼쳐보지도 않는 분들이 의외로 많습니다. 다음 주일까지 식탁 옆에 장식되어 있거나 책상 어딘가에 내버려져 있을 뿐입니다. 성경에서 아무런 영향을 받지 못할 게 뻔합니다. 글자가 박혀 있는 종이뭉치에 불과할 것입니다.

요즘 각 교회마다 프로젝트를 이용해 예배 때 자막으로 성경 말씀을 띄웁니다. 편리하긴 하지만 교회 오면서 성경을 챙길 필요도 없게 만드는, 성경을 멀리하게 하는 요인이 되지 않을까 우려됩니다.

성경을 항상 옆에 두고 읽으면서 연구하고, 묵상한다면, 말씀이 우리 삶 속에서 능력으로 나타날 것입니다.

> "하나님의 말씀은 살아 있고 활력이 있어 좌우에 날선 어떤
> 검보다도 예리하여 혼과 영과 및 관절과 골수를 찔러
> 쪼개기까지 하며 또 마음의 생각과 뜻을 판단하나니" 히 4:12

성경은 구약 서른아홉 권과 신약 스물일곱 권으로 구성되어 있습니다. 총 예순여섯 권입니다. 천오백 년이 넘는 기간에 걸쳐 약 사십 명의 저자들에 의해 쓰인 하나님의 말씀입니다.

딤후 3:16절에는 "모든 성경은 하나님의 감동으로 된 것으로… "라고 나와 있습니다. 그렇기에 저작의 이중성이 있습니다. 원저자는 하나님이시며 성령의 감동을 받은 다수의 사도들이 기록 과정에 참여했습니다.

성경은 철학, 역사, 보건, 법률, 문학 등 삶 전반에 관련된 지식을 담고 있습니다. 모든 지식의 시작이며 지혜의 근본이 됩니다.

무엇보다 중요한 것은 범죄 함으로 영원히 죽을 수밖에 없는 인간들을 구원하시려는 하나님의 계획이 담겨 있다는 것입니다. 때문에 성경 말씀을 토대로 신앙생활을 하지 않으면 자칫 샤머니즘은 물론 불건전한 이단사상에 빠질 수도 있습니다.

교회에서 이야기하다 보면 분명 성경 말씀을 나누고 있음에도 불구하고 성경에 나와 있는 하나님과 다르게 말해 당황할 때가 있습니다.

그럴 땐 성경을 토대로 말하는 것 같지 않다는 생각이 듭니다. 그동안 신앙생활을 하며 얻은 지식과 경험을 바탕으로 추상적인 자기만의 하나님을 만들어 버린 것이 아닐까 생각하곤 합니다.

성경의 내용은 죄인 된 우리를 구원하시려 이 땅에 오실 메시아, 말씀이 육신이 되어 이 땅에 오신 메시아, 새 하늘과 새 땅, 새 예루살렘을 준비하시고 다시 오실 메시아로 크게 나눠볼 수 있습니다.

우리의 구세주가 되시는 예수님에 대해 쓰인 책이라는 것을 알 수 있습니다. 정리해보면 성경의 저자는 하나님입니다. 주인공은 예수 그리스도, 주제는 구원입니다. 이것은 절대 변할 수 없는 진리입니다.

> "너희가 성경에서 영생을 얻는 줄 생각하고 성경을 연구하거니와 이 성경이 곧 내게 대하여 증언하는 것이니라 그러나 너희가 영생을 얻기 위하여 내게 오기를 원하지 아니하는도다" 요 5:39-40

신앙생활이 흔들리고 문제가 생기는 것은 성경 말씀에 신앙의 기초를 두고 있지 않기 때문입니다. 교회가 신앙생활의 우선순위를 성경 말씀에 두는 환경을 갖추지 못한 것을 조금은 인정해야 할 것 같습니다.

조직이나 제도, 교파 같은 부분이 본질처럼 되어버려 성경보다 우선시되는 면이 있는 것이 사실입니다. 그럼에도 모든 삶의 기준은 성경 말씀이 되어야 합니다. 하나님의 말씀은 능력입니다.

> "너희는 말씀을 행하는 자가 되고 듣기만 하여 자신을 속이는
> 자가 되지 말라" 약 1:22

말씀의 능력이 믿는 우리에게 나타나지 않는 것은 말씀을 붙들고 나아가야 할 상황에서 '현실적으로 가능할까?' 의심하며 세상의 기준으로 다시 물러서는데 있습니다. 눈에 보이지 않는 하나님의 약속을 붙잡기보다는 눈앞의 현실과 일단 타협하려 합니다.

문제를 해결하려는 급한 마음이 상황과 타협하는 것이 더 현실성 있다고 생각하게 만들기 때문입니다. 어찌 보면 우리로 하여금 하나님께 가까이 못하게 하는 가장 큰 요인이 아닐까 싶습니다.

> "그러므로 우리가 여호와를 알자 힘써 여호와를 알자, 나는
> 인애를 원하고 제사를 원하지 아니하며 번제보다 하나님을
> 아는 것을 원하노라" 호세아 6:3, 6

하나님을 바로 알아야 하나님께서 원하시는 삶을 살 수 있습니다. 그래서 하나님을 바로 알기 위해 성경을 공부할 필요가 있습니다. 성경공부를 통해 신앙을 점검하고 영적 지식을 성장시키는 것은 매우 중요한 일입니다.

교회마다 성경공부 프로그램도 많고 훌륭한 성경 교사도 많이 있습니다. 조금만 시간을 내고 열심을 낸다면 얼마든지 성경공부를 할 수 있습니다. 교회에서 성경공부반이 개설되면 다른 일보다 우선적으로 참여하십시오. 성경 말씀이 기초가 될 때 하나님과 교회에 온전히 헌신할 수 있습니다.

그럼, 우리가 왜 성경공부를 해야 합니까? 하나님과의 관계 때문입니다.

우리는 하나님을 아는 만큼 사랑하고 신뢰합니다. 또 아는 만큼 하나님 과 교제합니다. 그래서 성경공부를 해야 되는 세 가지 이유를 생각해 보겠습니다.

창조주 하나님을 알기 위해서입니다. 하나님은 온 우주만물을 말씀으로 지으신 분입니다. 하나님은 온 우주만물보다 크신 분입니다. 지능지수가 이백도 안 되는 우리가 그 크신 하나님을 어떻게 다 알 수 있겠습니까? 우리의 손 바닥만한 지식 안에 하나님을 제한하는 우를 범하면 안됩니다. 오직 성경을 통해서 하나님을 알아 가야 합니다.

구주이신 예수님을 알기 위해서입니다. 하나님이 우리를 구원하시려 하늘보좌를 버리시고 육신을 입고 이 땅에 오셨습니다. 십자가에 달려 우리의 죄를 속량해주시고 장사된 지 사흘 만에 죽음의 권세를 깨뜨리시고 다시 살아나셔서 부활의 첫 열매가 되신 분입니다.

보혜사 성령님을 알기 위해서입니다. 성령님은 예수님을 깨닫게 하시고 교회를 존재케 하시며 우리가 하나님의 나라에 갈 때까지 우리 안에 내주하시며 인도하시고 변호해주시는 분입니다.

이렇게 삼위일체 하나님을 바로 알기 위해 성경공부를 합니다.

또 다른 이유도 있습니다. 나 자신을 알기 위해서 입니다. 지금 현재의 시간과 공간속에서 실존하고 있는 나의 정체는 과연 무엇인가를 알기 위해서입니다. 하나님의 말씀이신 성경을 통해서만이 나의 본질과 존재의 의미를 바로 알 수 있는 것입니다.

세상에서의 나는 그럭저럭 괜찮은 사람입니다. 세상의 기준은 너보다 내가 조금 더 낫다는 상대적 잣대로 자신을 판단합니다. 범죄를 저질러 감옥에 가 있지 않는 한 죄인이 아닙니다. 자신의 영원히 죽을 수밖에 없는 죄인인 것을 모르는 것입니다. 오직 성경을 통해서만 자신의 정체를 바로 알 수 있습니다. 만약 예수님이 안 계셨다면 우리 인생은 어떻게 되었겠습니까?

마지막으로 나를 구원하셔서 현재의 시간과 공간 속에 존재케 하시는 이유를 알기 위해서입니다. 하나님께서 그저 그렇게 한세상 누리고 오라고 나를 이 땅에 보내신 것이 아닙니다. 나를 통해 이루실 하나님의 꿈과 비전이 있으십니다. 그것을 알기 위해 성경을 공부하는 것입니다.

이 세상에 와서 유물론적 사관에 붙잡혀 물질만 탐하며 살다가 아무것도 소유하지 못한 채 하나님의 심판대 앞에 서는 사람이 있고, 이 땅에서 하나님의 뜻과 하나님의 나라를 이루어 드리고 하나님 앞에 가는 사람이 있습니다. 우리는 어떤 삶을 살아야 하겠습니까?

말씀은 살았고 활력이 있어 사람을 역동적으로 변하게 합니다. 하나님의 말씀이 들어가면 그 사람은 가만히 있지 못합니다. 하나님의 일을 하지 않고는 못 견딥니다. 성경공부를 통해 나를 향한 하나님의 뜻을 알게 된다면 이보다 더한 축복이 없을 것입니다. 하나님의 계획 가운데 자신을 헌신하며 사는 것이 참된 축복입니다.

성경 말씀이 기초되지 않은 신앙은 자칫하면 모든 초점을 자신에게 맞춰버릴 수 있습니다. 그래서 기복적이고, 율법적이며, 습관적인 신앙으로 빠질 수 있습니다. 성경의 모든 초점은 예수 그리스도입니다

주일 예배 시간에 목사님이 말씀을 선포합니다. 삼사십 분 안팎의 설교 를 준비하려 그보다 훨씬 더 많은 시간을 성경을 연구하는데 집중했을 것입니다. 상당한 시간을 들여 성령님께 의지하며 기도했을 것입니다.

예배 시간 목사님이 준비한 말씀을 선포할 때 우리는 아멘으로 화답하며 은혜를 받습니다. 문제는 교회 문을 나서는 순간 아멘으로 화답하며 들은 설교 말씀을 교회에 다 내려놓고 집으로 돌아간다는데 있습니다.

세상은 더욱 악하고 음란해져 가고 있습니다. 어둡게 변해가고 있는

세상을 다시 살리고 회복시킬 수 있는 유일한 희망과 대안은 하나님의 교회이며 하나님의 말씀입니다. 하나님의 말씀이 교회에만 머물러 있게 해서는 안 됩니다. 세상에 선포해야 합니다.

목사님들은 성도들을 목양하고 예배와 말씀을 준비해야 하기에 교회를 벗어나 세상속으로 들어가기가 쉽지 않습니다. 시간적으로 많은 제약이 따릅니다. 그렇기에 세상에서 목회를 감당할 수 있는 사람은 성도들이라 해도 과언이 아닙니다.

성도들이 목사님으로부터 들은 설교 말씀을 정리해 삶의 현장에서 다시 선포한다면 엄청난 영향력을 끼칠 수 있을 것입니다. 말씀을 선포하는 순간 그 말씀은 살았고 활력 있는 말씀으로 확증될 것입니다. 사람을 살려내고 세상을 변화시켜 나갈 것입니다.

그런데 세상 속에서 세상 사람들과 더불어 살고 있는 성도들이 입을 다물고 있다면 큰 문제가 아닐 수 없습니다. 설교 말씀을 예배 시간에 들은 것으로 끝내버리면 목사님으로부터 나에게 왔다가 그냥 죽은 말씀이 되고 마는 것입니다.

설교 말씀은 나에게서 재선포 되어야 합니다. 말씀이 내 입술을 통해 세상으로 다시 선포될 때 하나님의 구원의 역사는 누룩처럼 퍼져 나갈 것입니다.

성경은 우리를 살리시는 하나님의 말씀입니다.

14

Q,T

큐티

큐티는 하나님과 일대일로 만나는 것입니다.

14 │ 큐티

> 복 있는 사람은 악인들의 꾀를 따르지 아니하며 죄인들의 길에
> 서지 아니하며 오만한 자들의 자리에 앉지 아니하고 오직 여호와
> 의 율법을 즐거워하여 그의 율법을 주야로 묵상하는도다
>
> <u>시 1:1-2</u>

우리는 교회 공동체 안에서 많은 사람들과 친교를 나누며 하나 됨을
누리고 있습니다. 그것은 매우 중요한 일입니다. 하지만 가장 우선 되어
야 할 일은 하나님과의 깊은 영적 교제입니다. 그러려면 하나님과의 친
밀한 개인적 만남을 가져야 합니다. 하나님 앞에 모든 것을 내려놓고, 하
나님과 일대일로 만나 교제하는 것이 큐티 입니다.

우리는 사랑하는 사람과 둘만의 시간을 갖기를 원합니다. 그가 나를
얼마나 사랑하고 있는지 확인하고 싶어 합니다. 또 내가 그를 얼마나
사랑하고 있는지 나의 마음을 전달하고 싶습니다. 그런데 상대방은 나와
만날 때마다 친구를 한두 명씩 데리고 나옵니다. 그와 개인적인 교제를
깊이 나눌 기회가 좀처럼 나질 않습니다. 어쨌든 남들에게 방해받지
않고 계속 같이 있기 위해 결혼해서 늘 같이 있는 사이가 되었습니다.

하지만 얼마 지나지 않아 상대방에 대해 모르는 것이 너무 많다는 것을 깨닫게 됩니다. 둘만의 친밀한 대화와 충분한 소통이 없었기에 서로를 이해하는 폭이 그만큼 좁았던 것입니다.

예수님을 구주로 영접한 우리는 모두 그리스도의 신부입니다. 신랑되신 예수님을 더 많이 알고, 그분이 원하시는 아름다운 신부로 살아가기 위해서는 말씀속으로 들어가 그분과 친밀한 교제를 나눠야 합니다. 둘만의 만남을 위한 특별히 정해진 시간과 남에게 방해받지 않을 조용한 장소가 필요합니다. 누구에게도 말하지 않았던, 심령 깊숙한 곳에 묻어놓은 이야기들을 속 시원히 털어놓을 곳이 있습니까? 세상 어디에도 그런 곳은 없습니다. 오직 하나님과의 만남에서만 가능한 일입니다.

큐티를 규칙적으로 하면 말씀속의 하나님이 나의 하나님이 되는 경험을 할 수 있으며, 말씀의 거울 앞에서 진정한 나의 모습을 발견할 수 있습니다.

또한, 내 생각을 지우고 성령이 주시는 지혜로 살아갈 수 있는 능력을 소유하게 되며, 주님의 뜻대로 일할 수 있는 능력도 얻게 됩니다. 이렇게 큐티를 통해 말씀이신 하나님을 만나면 세상의 관점에서 하나님의 관점으로, 나의 생각과 의지에서 하나님의 뜻과 질서 속으로 들어가게 됩니다.

큐티의 목표는 하나님과의 관계 회복입니다. 큐티를 하지 않는다고 천국 가는데 지장이 있는 것은 아닙니다. 하지만 이 땅에 사는 동안 하나님 아버지가 나와 동행하신다는 것을 느끼지 못하고 지내는 것은 불행한 일입니다.

하나님은 우리가 말씀 안에서 회복되길 원하십니다. 또한, 우리를 말씀으로 회복시키십니다. 하나님과의 관계가 회복되어야 나의 가정과 교회가 회복됩니다. 교회가 회복되어야 세상을 회복시킬 수 있습니다. 성도는 구원의 통로이며 교회는 구원의 방주입니다.

> 이 율법책을 네 입에서 떠나지 말게 하며(읽으며) 주야로 그것
> 을 묵상하여(깊이 생각하여) 그 안에 기록된 대로 다 지켜 행하
> 라(삶에서 행동으로 옮기라) 그리하면 네 길이 평탄하게 될
> 것이며 네가 형통하리라 수 1:8

무엇이 삶을 그토록 분주하게 만듭니까? 텔레비전이나 영화를 보는 것은 쉽습니다. 그러나 성경 말씀 앞에 머무는 것은 쉬운 일이 아닙니다. 죄짓는 것은 따로 배우지 않아도 잘할 수 있습니다. 하지만 말씀 안에서 살려면 죽도록 자신과 싸워야 합니다.

우리가 말씀과 더불어 살려고 맘먹는 순간부터 영적 싸움이 시작되기 때문입니다. 우리를 속이는 사단은 우리를 하나님과 멀리 떨어뜨려 놓아 우리 자신의 정체성을 잃어버리게 만듭니다.

큐티를 해야 자존심을 버리고 하나님의 자녀라는 자존감으로 살 수 있습니다. 말씀 안에 거하지 않으면 하나님의 은혜는 잃어버리고 자신의

상처만 계속 기억하게 됩니다.

큐티는 말씀을 통해 나의 거품과 독을 빼내는 과정이며 하나님이 주신 본래의 형상을 찾아가는 순례의 여정입니다. 그렇기에 우리 삶에서 가장 중요한 것은 먼저 말씀을 통해 하나님을 만나는 일입니다.

큐티는 하나님이 어떤 분인지 알아가는 것입니다. 왜 하늘 보좌를 버리고 이 땅에 오셔서 십자가에 달리셨는지, 그것이 나하고 무슨 상관이 있는지 정확하게 알려면 말씀 속으로 들어가야 합니다.

큐티를 해야 나의 연약함에도 불구하고 지독하게 나를 사랑하시는 하나님을 만날 수 있습니다. 하나님은 나를 향한 당신의 사랑을 말씀을 통해 깨닫게 하십니다.

큐티는 하나님의 말씀으로 나를 해석하는 일입니다. 다시 말해 큐티는 진정한 나를 찾아가는 작업입니다. 말씀으로 나를 조명해야 나의 본질과 정체, 존재의 의미를 바로 알 수 있습니다.

내가 누구인지 분명히 알고 말씀 속에서 하나님의 음성을 듣는 사람은 보는 것이 다르고 상황과 문제에 대한 해석이 다릅니다. 가장 중요한 것은 내가 왜 지금 여기에 존재하고 있는지 답을 갖게 된다는 것입니다. 그러므로 말씀으로 내 사고의 틀을 바꾸어 나가야 합니다.

현재 나에게 벌어지고 있는 상황과 문제를 해석하는 능력이 있다면 내가 왜 지금 모습으로 살고 있는지 이해할 수 있습니다. 해석되는 삶을 사는 것은 대단한 복이 아닐 수 없습니다. 인생이 해석되기 시작하면 진정한 행복을 누릴 수 있습니다.

그리고 내가 처한 상황에 하나님의 섭리가 개입되어 있음을 말씀을 통해 깨달으면 상황이 좋고 나쁨과 상관없이 역동적으로 대처할 수 있는 능력이 길러집니다. 지금의 고난이 나를 힘들게 하는 걸림돌이 아니라 나를 한 단계 성숙시키는 하나님의 디딤돌임을 깨닫게 되는 것입니다.

대개는 세상적인 지혜와 판단으로 일하려고 합니다. 하지만 하나님과 아무 상관없는 일이 될 수 있습니다. 말씀에 근거한 영적 판단력과 지혜로 결정해야 합니다. 큐티는 하나님 뜻에 합당하게 일하고 있는지 점검해 줍니다. 내가 하고 있는 일에 하나님이 기뻐하시는 뜻을 새겨 넣게 합니다.

살면서 자주 넘어지는 까닭은 나만의 아이디어로 인생의 집을 설계하려 하기 때문입니다. 큐티를 하면 내 생각과 말은 잠잠해지고 하나님의 생각이 드러나기 시작합니다. 내 생각은 상황과 시류에 따라 변할 수밖에 없습니다. 하나님의 지혜로 인생을 설계하기 위해 큐티를 해야 합니다.

또한, 내 잔이 흘러넘쳐야 이웃에게 나눠줄 것이 있습니다. 말씀으로 내 잔을 채워야 합니다. 공동체에서도 말씀을 나누기 시작하면 불필요한 말들이 줄어들고 예수 그리스도가 드러나기 시작합니다.

우리의 삶은 늘 영적 전쟁에 직면해 있습니다. 우리의 싸움은 혈과 육에 속한 것이 아닙니다. 공중 권세 잡은 자를 상대로 하는 영적 전쟁입니다. 영적 전쟁은 우리의 지혜와 능력으로 하는 것이 아닙니다. 하나님의 전술전략을 덧입어야 합니다. 영적 전쟁에서 승리하는 유일한 방법은 하나님의 말씀 안으로 들어가는 것입니다.

세상에는 너무나 많은 소리와 정보가 넘쳐납니다. 하지만 우리는 정작 들어야 할 소리는 못 듣고 있습니다. 바로 하나님의 음성입니다. 하나님과 교제하는 사람은 사람의 말에 귀 기울이지 않습니다. 방백을 의지하지 않습니다. 하나님을 전적으로 신뢰하며 세밀한 하나님의 음성을 듣고 행합니다.

우리는 상대적인 평가를 통해 자신을 바라보려고 하는 습성이 있습니다. 그래서 남의 단점을 보고 위안을 삼으며 다른 사람보다는 자신이 조금 더 깨끗하다고 생각합니다. 하지만 말씀의 거울을 통해 자신을 들여다보면 사정은 달라집니다. 말씀의 거울 앞에 자신을 비춰봐야 죄로 얼룩진 모습을 발견할 수 있습니다. 큐티를 해야 하는 이유는 자신의 정체를 분명히 알고 하나님의 형상을 회복하기 위해서 입니다.

큐티는 기도에서부터 시작됩니다. 기도로 성령 하나님의 도움을 구하면서 성경을 묵상하는 것입니다. 시편에서 묵상은 입술로 읊조리는 것이라고 말했습니다. 자기만 들을 수 있는 조용한 목소리로 네댓 번 천천히 읽어 나가는 것입니다. 우리가 하는 묵상은 다른 종교에서처럼 자신을 비우는 행위가 아닙니다. 말씀으로 자신을 채워 나가는 것입니다.

묵상을 해야 하는 이유는 오직 성령 하나님만이 하나님의 말씀을 심령 깊숙이 가져다줄 수 있기 때문입니다. 그리고 그 말씀을 깨닫고 순종할 수 있는 힘을 주시기 때문입니다. 하나님의 말씀이 설사 나를 책망하시더라도 겸손히 받아들이겠다는 마음으로 말씀을 대해야 합니다. 언제든 죄를 회개하고 뉘우치겠다는 마음으로 말씀 안에 머물러야 합니다.

또한, 말씀을 읊조릴 때마다 교훈과 책망과 바르게 함을 경험해야 합니다. 우리의 삶은 말씀을 통한 교정을 필요로 합니다. 말씀은 우리를 바로 잡아주며 상한 심령을 위로해 줍니다.

하지만 위로해 주시기만을 구하면 안 됩니다. 지식과 정보를 얻는 것에 초점을 두어서도 안 됩니다. 묵상을 하는 목적은 우리 삶을 변화시키는데 있습니다. 머리로 아는 것들을 행동으로 옮기려 묵상하는 시간을 갖는 것입니다.

성경은 우리의 삶을 도전하며 잘못된 생각과 행동을 교정해주는 네비게이션입니다. 큐티의 궁극적 목표는 하나님과의 친밀한 교제 가운데 들어가 하나님의 마음을 알고 그분의 음성을 듣는 것입니다.

우리는 지금까지 많은 성경공부를 해왔고 여러 프로그램에 참여해 왔습니다. 거기에 상당한 성경 지식을 소유하기까지 했습니다. 그렇기에 하나님에 대해 많은 것을 알고 있다고 생각합니다.

하지만 그것은 겉껍데기에 불과한 지식일 수 있습니다. 하나님과 개인적으로 만난 적이 있느냐가 중요합니다. 하나님에 대한 정보를 수없이 갖고 있다 하더라도 그분과 만난 적이 없다면 하나님과 나는 아무런 관계가 없는 것이나 마찬가지입니다.

나의 삶을 통해 하나님의 뜻과 하나님의 나라를 이루어가기 위해서는 그분과의 구체적인 만남이 필요합니다. 그래야 비로소 자기를 부인하고 자기 십자가를 지고 예수 그리스도를 따르는 삶을 살아 갈수 있습니다. 예수가 그리스도 되심을 모든 민족과 열방에 전하는 제자의 삶을 살고 싶으십니까? 그렇다면 조용한 시간과 방해받지 않을 장소를 만들어 매일 매일 말씀과 만나십시오. 말씀 안으로 들어가 말씀이신 하나님 아버지와 교제하는 것이 "큐티"입니다.

바빠서 큐티하고 기도할 시간이 없으십니까? 바쁘니까 큐티하고 기도하는 시간을 늘리십시오. 행동이 습관이 되기 위해선 많은 시간을 필요합니다. 말씀과 기도 속으로 들어가야 인생의 방향을 바로 잡을 수 있습니다. 방향이 틀리면 열심히 방황하는 것입니다.

큐티는 하나님과 일대일로 만나는 것입니다.

15

Evangelism
전도

하나님 아버지의 마음을 품는 것이
전도입니다.

15 | 전도

내가 복음을 부끄러워하지 아니하노니 이 복음은 모든 믿는
자에게 구원을 주시는 하나님의 능력이 됨이라 먼저는 유대인
에게요 그리고 헬라인에게로다 롬 1:16

한 영혼을 예수님께 인도해 구원받게 한다는 것, 얼마나 신나고 기쁜
일이겠습니까? 그렇습니다. 비록 거절을 당했을지라도 모르는 사람에게
복음을 전했다는 것만으로도 무언가 마음이 뿌듯합니다. 그러면서도 모든
그리스도인들의 마음에 늘 부담으로 남아 있는 것이 전도가 아닐까
생각합니다.

가끔씩 내게 믿음이 부족해서 전도를 못하는 것은 아닐까 자책감이 들
때가 있습니다. 아직은 예수님에 대해 아는 지식이 모자라 좀 더 훈련받고
난 뒤 전도하겠다고 다짐하는 분들도 있습니다.

전도는 말 그대로 예수님이 우리의 구원자 되시며 믿기만 하면
구원받는다는 성경 말씀의 핵심을 전하는 것입니다. 하지만 전도가 해도
되고 안 해도 되는 선택의 문제가 아니라는 것이 고민스럽습니다.

그리스도인들에게 꼭 감당해야 하는 한 가지를 꼽으라고 하면 대부분

전도를 택할 것입니다. 성경에도 전도는 명령문으로 나와 있어 피해갈 수 없는 일임을 잘 알고 있습니다. 우리가 진정 영적인 존재라면 세상에 발을 딛고 있는 나와 영적인 내가 분리되면 안 됩니다. 우리는 세상에 나가 하나님의 사랑을 전해야 합니다. 문제는 무엇을 전해야 할지 어려워하는데 있습니다.

다음 네 가지 원리를 숙지하십시오. 어렵지 않게 복음을 전할 수 있습니다.

1. 하나님은 당신을 사랑하십니다. _신론
2. 사람은 범죄 함으로 하나님을 떠나게 되었으며, 영원한 사망의 저주 가운데 놓이게 되었습니다. _인간론
3. 예수님이 십자가에서 사람의 죄를 대속해주셨으며, 예수님만이 하나님께로 갈 수 있는 유일한 길입니다. _기독론
4. 자신이 죄인임을 회개하고, 예수님을 나의 주, 나의 하나님으로 영접하면 구원에 이르게 됩니다. _구원론

사람들은 좋은 것을 소유하고 있으면 남들에게 자랑하고 싶어 하는 습성을 갖고 있습니다. 지극히 당연하고 자연스러운 일입니다. 쇼핑해서 비싼 장신구를 샀다거나 명품 가방이 선물로 들어오면 주위 사람들에게 보여주고 싶어 안달합니다. 그것이 자신의 가치를 대변해 준다고 생각하기 때문입니다.

이렇게 잠깐 즐겁게 해주다가 없어질 물건도 자랑을 하는데 자신을

영원한 생명으로 인도하시는 예수님을 자랑하고 그분이 구세주 되심을 전하는 것은 당연한 것 아니겠습니까?

세상에는 비싼 보석이 많습니다. 그리고 보석의 가치는 얼마나 많은 돈을 주고 구입했느냐로 그 가치가 결정됩니다. 아주 작은 다이야몬드가 보석중의 보석으로 대우받는 것은 아주 작음에도 불구하고 많은 댓가를 치렀기 때문에 비싼 대우를 받습니다. 하지만 그 정도의 가치 이상인 것이 있습니다. 바로 예수님을 영접한 우리 그리스도인들입니다. 우리 각 사람을 구원하시기 위해 우주만물의 주인이신 하나님께서 하늘보좌 영광을 포기하시고 사람의 몸으로 이 세상에 오셨습니다. 그리고 나를 천국백성 삼으시고자 십자가에서 자신이 죽으시는 혹독한 댓가를 지불하시며 나를 사셨습니다. 하나님이 나를 사시고자 상상할 수 없이 비싼 댓가를 치르신 것입니다. 하나님 자신이 죽음으로 댓가를 치르신 가치보다 더 비싼 보석이 있을까요? 하나님이 비싼 값 치르시고 사신 나 자신보다 더 비싼 보석은 세상에 존재하지 않습니다. 이것이 우리가 이 땅을 당당히 살아갈 이유이고 또 전도해야만 하는 이유입니다. 내가 비싼 존재라면 우리는 남도 비싸게 여길 것입니다. 왜냐하면 하나님이 비싼 댓가를 치르시고 사신 존재들이기 때문입니다. 그러나 나 자신의 가치를 모르는 사람들은 아마도 싸구려 인생을 계속해 살아가겠지요. 그들에게 진정한 가치가 무엇이며, 어떻게 결정되는지 알려주어야 합니다.

기도가 영적 호흡이고, 성경 말씀이 영적 양식이라면 전도는 영적 행동이라 할 수 있습니다. 요즘 가장 심각한 성인병이 비만이라고 합니다. 먹는 양에 비해 운동량이 적어서 걸리는 병이 비만이라는 것을 모르는 사람은 없습니다. 비만이 모든 중병의 원인이 된다는 사실도 잘 알고 있습니다. 먹는 양을 줄이고 운동량을 늘려야 비만을 치료할 수 있다는 것은 이미 상식입니다.

그리스도인들도 마찬가지입니다. 요즘 교회마다 얼마나 훌륭하고 다양한 프로그램을 개발하고 시행하는지 모릅니다. 그로 인해 성도들이 성경공부나 각종 세미나 프로그램에 중독이라 할 만큼 열심히 참석하고 있고 지식수준 또한 그만큼 성장했습니다.

하지만 그렇게 축적된 성경 지식이 전도에 쓰이지 않고 지적 갈급함을 채우거나 지식 자랑에 그치고 있다면 안타까운 일입니다. 축적된 지식이 전도라는 영적 운동으로 연결되지 않는 신앙생활은 결코 건강할 수 없습니다.

많은 사역을 감당하고 알찬 프로그램에 참여하면서도 무언가 공허함을 느끼는 것은 전도가 빠졌기 때문입니다. 교회 공동체의 모든 사역은 전도에 초점이 맞춰져야 하며, 사역의 열매도 전도를 통해 나타나야 합니다. 그래야 교회 공동체가 살아나고 생명력이 넘칠 것입니다.

물은 고이지 않고 흘러가야 합니다. 그래야 정결함이 유지될 수 있습니다. 웅덩이에 고인 물은 곧 썩기 마련입니다. 이처럼 우리가 세상 속으로 흘러가지 않고 교회 안에 안주하고 있다면 우리의 신앙은 점점 쇠약해지고 결국 병에 걸리고 말 것입니다. 어찌 보면 전도는 남을 위해서

라기보다 내가 살기 위해 반드시 해야만 하는 영적 운동이라 할 수 있습니다.

하나님께서 우리에게 구원을 안겨주신 것은 아직 복음을 듣지 못한 자들에게 예수님을 전하는 구원의 통로로 사용하시기 위함입니다.

> "그런즉 그들이 믿지 아니하는 이를 어찌 부르리요 듣지도 못한
> 이를 어찌 믿으리요 전파하는 자가 없이 어찌 들으리요 보내심
> 을 받지 아니하였으면 어찌 전파하리요 기록된 바 아름답도다
> 좋은 소식을 전하는 자들의 발이여 함과 같으니라" 롬 10:14-15

교회가 존재하고 부흥해야 하는 이유도 세상에 복음을 전해야 하기 때문입니다. 세상에 악인들이 날뛰는 것보다 더 무서운 일은 그리스도인들이 복음을 말하지 않고 침묵하는 것입니다. 진리를 아는 자가 진리를 모르는 자 앞에서 침묵하는 것은 죄악입니다.

복음을 접한 불신자들의 흔한 반응 중 하나가 "너나 잘 하세요!"입니다. 교회 다니는 사람들은 말과 행동이 일치하지 않는다며 신뢰하지 않습니다. 따지기 좋아하고 편협한 것 같아 맘에 들지 않는다고 합니다. 자기들끼리만 좋아서 떠든다고 비웃습니다.

아주 틀린 말은 아닙니다. 사실 우리가 빨리 고쳐야 되는 부분입니다. 그리스도인들이 실제 삶에서도 교회에서 하듯 말하고 행동했다면 이런 혹평을 받지 않았을 것입니다.

"하늘에 계신 우리 아버지여 이름이 거룩히 여김을 받으시오며…"

우리는 마치 주문이라도 외우듯 웅얼거리며 주기도문을 암송합니다. 하지만 주기도문은 첫 줄부터 우리에게 도전을 줍니다. 믿지 않는 사람이 믿는 나를 보고 하나님이 어떤 분이신지 알게 되기 때문입니다. 남들이 나를 보고 예수님을 발견했다면 하나님의 이름이 거룩히 여김을 받는 것이 확증되는 것입니다.

반대로 "너 같은 사람 때문에 예수 못 믿겠다!"는 말을 들었다면 하나님의 이름을 망령되이 일컫게 하는 도구가 되었다는 사실을 기억해야 합니다.

우리가 평상시 사용하는 언어와 행동이 예수 그리스도를 전하는 데 얼마나 큰 영향을 미치는지 모릅니다.

내가 살아가는 삶의 현장에서 나를 통해 예수 그리스도의 사랑이 드러나지 않는다면, 그래서 주변 사람들이 나를 보고 예수 그리스도를 발견하지 못한다면 나는 오히려 전도의 걸림돌이 되고 있는 것입니다.

어떤 사람은 왜 기독교는 그렇게 교파가 복잡하고 이단이 많으냐고 시비를 겁니다. 사실 어느 정도 걸림돌로 작용하고 있는 부분입니다. 하지만 생각해 보십시오. 나쁜 물건에 '짝퉁'이 나오는 것을 보셨습니까? 진리이기에 진리를 가장한 가짜가 고개를 들이미는 것입니다.

전도하면 보통 교회 밖으로 나가는 것을 먼저 떠올립니다. 물론 나가야 합니다. 세상 속에 철저히 스며들어야 하는 것이 맞습니다. 하지만 그 전에 나 자신과 교회가 진정 아름답고 순결한지 점검해 볼 필요가 있습니다.

흔히들 음식이 정갈하고 맛이 좋으면 산꼭대기에 식당을 차려놓아도 장사가 된다고 합니다. 교회도 마찬가지입니다. 어느 누가 들어온다 할지라도 교회 안에서 따뜻함을 느끼고 위로를 받는다면 전도는 자연스럽게 이루어질 수 있습니다.

예수 그리스도의 사랑보다 교회 조직과 제도가 앞서는 교회는 갈급한 영혼에 공허함만 더해줄 것입니다. 기존 성도들이 무리지어 텃세를 부리고 기득권을 앞세워 대우받으려 하는 교회는 교회를 찾은 사람들이 뒷문으로 다 빠져나가는 것을 목격하게 될 것입니다.

전도는 예수 그리스도를 영접한 사람들이 받은 은혜를 생각하면 견딜 수가 없어 밖으로 표출하는 행동입니다. 어둠의 세력에 묶여 영원한 저주로 떨어질 수밖에 없는 형제와 이웃을 보며 가슴 아파하는 것입니다. 잃어버린 영혼을 찾으시는 하나님 아버지의 안타까운 마음을 생각하며 예수 그리스도를 전하는 것이 전도입니다.

예수그리스도를 소유한 사람들은 세상 사람들을 바라볼 때 그들이 무엇을 가졌는가에 관심을 기울이면 안 됩니다. 재정적인 부족함이나 육신의 질고를 겪는 것 등, 눈에 보여지는 것만을 불쌍히 생각한다면 그것이 큰 문제입니다. 그들을 바라보며 그들의 영혼 가운데 하나님의 나라(예수 그리스도)가 도래하지 않았음을 가슴 아파하는 하나님의 마음이 있어야 합니다.

단 한 사람의 이웃에게라도 예수 그리스도를 전해야겠다는 마음을 품었다면 우리는 이미 전도자입니다. 나의 가족과 이웃들이 영원한 고통

속으로 들어가는 줄 뻔히 알면서도 복음을 전하지 않는다면 훗날 하나님 앞에서 책임을 면할 수 없을 것입니다. 또한 자신이 복음을 전하지 않고 있다면 진정으로 예수님을 모셔 들인 것인지 점검해 봐야 합니다. 예수님이 내 속에 계시다면 나의 눈은 불쌍한 영혼들을 바라볼 것이기 때문입니다.

> "영혼없는 몸이 죽은 것 같이 행함이 없는 믿음은 죽은 것이니라" 약 2:26

우리는 행함을 생각할 때 착한 일, 선한 일을 떠올립니다. 또 성경에서는 고아와 과부를 도우라고 합니다. 그렇다면 착한 일 선한 일이 무엇일까요? 예수를 믿지 않는 사람들과 이방신을 믿고 우상을 섬기는 사람들도 세상속에서 요구하는 착한 일을 합니다. 그렇다면 하나님께서 우리에게 요구하시는 행함이 세상 사람들이 행하는 것과 같을 수는 없지 않겠습니까? 물론 세상 사람들보다 그리스도인들은 더욱더 적극적으로 어려운 사람들을 도와야 합니다. 그러나 거기서 그친다면 세상 사람들과 다를 것이 무엇입니까?

고아와 과부라는 말에서 하나님께서 요구하시는 착한 일 선한 일을 찾았습니다. 그것은 바로 하나님을 아버지로 모시지 못한 영적 고아들, 그리고 예수님을 신랑으로 모시지 못한 영적 과부들에게 아버지를 찾아주고 신랑을 찾아주는 일이 진정한 착한 일이고 선한 일입니다. 바로 이것이 전도를 해야 되는 이유이고 전도보다 착한 일, 선한 일은 존재하지 않습니다.

우리는 하나님께 생명을 빚진 자들입니다. 복음을 전하는 일이 그 빚을 갚을 수 있는 유일한 방법입니다. 어둠에 묶여 고통당하고 있는 이웃의 친구가 되어주고, 복된 소식을 전해 예수님께로 인도해 와야 합니다.

내가 침묵하고 있는 한 복음은 전해지지 않습니다. 내가 전한 한 마디 복음이 천하보다 귀한 한 영혼을 살릴 수 있습니다. 그 사람이 은혜의 통로가 되어 그의 가정과 가문까지 구원을 얻는 역사가 일어날 수 있습니다.

우리는 때를 얻든지 못 얻든지 전할 뿐입니다. 때를 따라 역사하셔서 열매를 거두시는 분은 성령 하나님이십니다.

우리는 세상에서 살지만 세상과 구별되어 세상으로 파송된 선교사입니다. 그러므로 지금 내가 서 있는 자리가 하나님께서 나에게 붙여주신 선교지입니다. 전도는 선택이 아닌 필수입니다. 예수님이 우리에게 지시하신 지상명령입니다. 그리고 내가 영적으로 건강하게 사는 길이기도 합니다.

예수님이 우리를 세상에 보내기에 앞서 우리에게 모든 능력과 권세와 지혜를 주셨다는 것을 믿어야 합니다. 세상을 이기고 변화시킬 능력을 이미 예수님으로부터 받은 것입니다. 성령의 능력을 의지해 예수님을 전하기만 하면 됩니다. 결과는 하나님 몫입니다.

복음 들고 산을 넘는 자들의 발걸음을 하나님께서 얼마나 기뻐하시겠습니까? 복된 소식은 바로 나를 통해 전해집니다.

16

Disturbance

방해

인생의 걸림돌은 신앙의 디딤돌이 됩니다.

16 | 방해

    구원받은 하나님의 사람들은 주님을 닮아 가려 노력하며 살아갑니다. "세상의 빛과 소금이 되라"는 주님의 뜻을 이루기 위해 봉사와 구제 활동에 참여함은 물론 세상에서 즐기던 것들을 내려놓고 절제하며 주님과 동행하는 은혜 안의 삶을 살려고 노력합니다.

    그러나 이런 수고에도 불구하고 어느새 다시 죄 가운데 빠져 허우적거리고 있는 자신을 발견하게 됩니다. 하나님을 의지한다 해놓고선 눈에 보이는 세상을 따라가고 있는 자신의 모습이 보입니다. 재물, 명예, 권력을 손에 쥐려 신앙적 양심까지 포기해 버리는 이들도 있습니다.

    시간이 지남에 따라 하나님 없이도 살아갈 수 있다는 교만한 마음이 자리 잡기 시작했기 때문입니다. 교만이 쌓여가면서 이전에 맛보던 평안이 아닌 이유 없는 불안과 초조, 원망과 불평, 시기, 미움, 다툼이 일상에서 번번이 일어납니다.

    이렇게 자신도 모르는 사이에 점점 자유함을 잃어가는 이유가 있습니다. 하나님께 가까이 다가가려는 우리를 막아서는 방해 요인이 있기 때문입니다. 이것을 신앙의 걸림돌이라고 합니다.

    은혜의 삶을 방해하는 요인들이 무엇인지 바로 알고 대처할 때,

방해요인은 영적 성장의 걸림돌이 아닌 디딤돌로 작용합니다. 우리를 성숙케 하시려는 하나님의 뜻도 깨달을 수 있습니다.

첫 번째 걸림돌은 사단의 유혹입니다. 사단은 이름 뜻부터 '유혹하는 자'입니다. 틈만 있으면 비집고 들어와 우리를 미혹시켜 은혜의 삶을 살지 못하도록 방해합니다. 사단은 하나님의 뜻을 거역하고 범죄 함으로 하나님의 동산에서 쫓겨난 존재들입니다. 자신을 경배케 하려는 악한 목적으로 거짓 능력과 기적을 행하는 공중 권세 잡은 자들입니다.

그러나 사단은 하나님이 허락하시는 한도 내에서 활동하는 영적 존재입니다. 그럼에도 무엇이든 할 수 있는 것처럼 거짓말을 꾸며 사람들을 유혹하며 광명의 천사로 행세합니다. 하와에게 다다가 "선악과를 먹기만 하면 너도 하나님처럼 될 수 있다"고 유혹했듯이 지금도 우리를 속이려 다가오고 있습니다.

또한 "이제 주의 손을 펴서 그의 모든 소유물을 치소서 그리하시면 틀림없이 주를 향하여 욕하지 않겠나이까?"라고 욥을 시험했듯 기회를 노려 우리를 시험하고 넘어뜨리려 합니다.

예수님과 제자들이 더러운 귀신들을 쫓아낸 사건에서 알 수 있듯 사단은 사람들의 마음을 지배하려 합니다. 가룟 유다의 마음에는 예수를 팔아넘기려는 생각을 집어넣었습니다. 사십 일 금식기도를 마친 예수님에게도 사단은 기다렸다는 듯이 다가와 유혹하고 시험하려 했습니다.

이렇게 사단은 끊임없이 하나님의 자녀들에게 다가와 믿음을 의심하게 하고 유혹하여 우상에게 절하게 만들려 합니다. 그리고 탐욕과 정욕, 육신의 소욕에 빠져 지내도록 지금도 하나님의 자녀들을 미혹하고 있습니다.

궁극적으로 사단은 사람들을 죄에 빠지게 하여 구원받지 못하게 하는 실존하는 영적 존재입니다. 더불어 틈만 나면 우리 믿는 자들을 속여 은혜의 삶을 살지 못하도록 방해합니다. 그리고 일을 그럴듯하게 만들어 자연스럽게 죄에 빠져들도록 속입니다.

사단은 세상적인 기준을 적용해 이번 딱 한 번 만이라는 말로 조금씩 죄에 젖어 들게 만듭니다. 큰일 나는 것도 아닌데 주일 한 번 못 지키는 게 뭐 어떠냐고 우리의 결심을 흔듭니다. 십일조 몇 번 안 낸 것 갖고 무얼 그리 심각하게 생각하느냐며 본질을 회피하게 합니다.

그 정도도 안 빠지고 교회 다니는 사람이 누가 있냐는 식으로 그럴듯하게 속여 결국 하나님과 멀어지게 합니다. 마지막에 가서 우리의 모든 것을 송두리째 빼앗아가는 것이 사단의 전략입니다.

두 번째 걸림돌은 우리 마음속에 있는 죄의 소욕입니다. 예수 그리스도의 십자가의 보혈은 우리를 하나님의 자녀로 바꿔주셨지만 우리가 완성된 인격체로 변화된 것은 아닙니다. 우리는 여전히 죄를 지을 수밖에 없는 연약한 존재입니다. 내면 깊숙한 곳에서 시시때때로 죄의 소욕이 솟아오릅니다.

예수 그리스도의 십자가 구속의 은혜로 인해 우리를 붙잡고 있던 죄의 뿌리, 즉 원죄 문제가 해결되었습니다. 하지만 우리는 여전히 삶 속에서 죄를 저지르고 있으며 죄를 짓고 싶어 하는 욕구와 갈등하며 살고 있습니다. 죄에 동화되어서 죄 가운데 빠져 있는 것조차 모르고 지낼 때가 얼마나 많은지 모릅니다.

사람은 본성적으로 죄를 짓게 되어 있습니다. 하지만 그리스도인들에게는 죄를 짓지 않아야 한다는 일종의 강박관념이 있습니다. 그래서 오랜 시간 인내하며 죄의 문제를 해결하려고 노력합니다. 주님을 닮아 가려는 삶을 살고자 무던히 애를 씁니다.

사도 바울도 "내 속사람으로는 하나님의 법을 즐거워하되 내 지체 속에서 한 다른 법이 내 마음의 법과 싸워 내 지체 속에 있는 죄의 법으로 나를 사로잡는 것을 보는도다"고 고백했습니다. 죄의 욕구가 믿음 생활을 방해하고 있다는 뜻입니다.

세 번째 걸림돌은 율법을 지키려는 욕구입니다. 우리에게는 선을 많이 행해서 악을 상쇄시키고 스스로 의로워지려는 욕구가 자리 잡고 있습니다. 그래서 예수 그리스도께서 십자가에서 이루어 놓으신 구원을 받아드리려 하기보다 선행을 많이 하면 영생을 보장받지 않을까 하는 유혹에 빠지게 됩니다.

율법을 완벽하게 지켜 스스로 의로워지려고 하지만 이 같은 욕구는 우리를 복음의 감격에서 멀어지게 할 뿐입니다. 결국 죄책감에 사로 잡혀 믿음의 본질을 혼란하게 만듭니다.

성경은 "행위에서 난 것이 아니니 이는 누구든지 자랑치 못하게 함이 니라"라고 구원을 설명합니다. "주 예수를 믿으라 그리하면 너와 네 집 이 구원을 얻으리라"는 하나님의 말씀처럼 오직 예수 그리스도를 믿는 믿음으로만 우리는 의로워질 수 있습니다.

하지만 많은 사람들이 무언가를 열심히 잘하면 하나님을 감동시킬 수 있다고 생각합니다. 그래야 의로운 사람이 될 수 있다고 생각합니다. 그들이 기도에 힘쓰고 봉사에 열심을 내는 이유입니다. 물질 역시 그런 차원에서 드립니다.

하지만 율법은 우리로 하여금 죄를 깨닫게 할 뿐입니다. 예수님이 계시다는 것을 보여주고 우리를 그분께 인도하는 역할을 하지만 율법을 지킨다고 우리가 의로워지는 것은 아닙니다.

"사람이 의롭다 하심을 얻는 것은 율법의 행위에 있지 않고 믿음으로 되는 줄 우리가 인정하노라"라는 사도 바울의 가르침에서 보듯 스스로 의로워지려는 행위로는 의로워질 수 없습니다. 예수 그리스도를 믿는 믿음으로만 의로워질 수 있습니다.

우리가 죄에서 용서받은 것도, 영원한 생명을 얻은 것도 어느 것 하나 우리의 노력으로 된 것은 없습니다. 그럼에도 불구하고 사람들은 자신의 행위로 하나님을 감동시켜 용서받으려 합니다. 자신의 선행으로 의로워질 수 있다 착각합니다. 번번이 하나님의 은혜를 망각한 채 율법 을 앞세우는 삶이 은혜를 방해합니다.

네 번째 걸림돌은 죄책감입니다. 우리는 예수님께서 이미 용서해주셨다는 사실을 잊고 죄의 종노릇을 할 때가 종종 있습니다.

기도가 부족해서 어려움을 당했다든지, 십일조 생활을 하지 않아 물질적으로 큰 손해를 봤다든지, 주일 예배에 참석하지 않고 놀러갔다 사고를 당했다 같은 말을 주변에서 많이 들을 수 있습니다.

물론 예수 그리스도의 구속의 은혜를 입고 하나님의 자녀로 살아가는 성도라면 성실히 신앙생활을 꾸려가야 합니다. 그러나 실수를 저질렀을 때는 속히 회개하고 바로잡는 것이 중요하지 죄책감에 사로잡혀 지내는 것은 바람직하지 않습니다.

다섯 번째 걸림돌은 교만입니다. 교만이 걸림돌입니다. 하나님의 은혜를 거부하는 것이 교만입니다. 하나님 없이 나 혼자서 할 수 있다고 생각하는 것이 교만입니다. 하나님보다 자신의 수단이나 능력을 앞세 우는 것이 교만입니다.

"교만은 패망의 선봉이요 거만한 마음은 넘어짐의 앞잡이 니라" 잠 16:18

스스로 잘난 체하며 온유함이 없이 건방지고 방자한 것이 교만입니다. 기도 많이 한다고, 봉사 열심히 한다고, 헌금 많이 낸다고, 성경공부 많이 한다고, 명문학교 나왔다고, 좋은 직장 다닌다고 우쭐대는 것이 교만입니다.

자기 눈에 있는 들보는 보지 못하면서 형제들의 티끌을 지적하며 비판하며 정죄하는 것이 교만입니다. 자기는 용서 받았으면서 남을 용서하지 못하는 것이 교만입니다.

교회에서 직분을 맡은 이들이 겸손하고 낮은 모습으로 섬김의 삶을 살아야 함에도 불구하고 남에게 군림하고 대접받으려 하는 것이 교만입니다. 하나님에 대해 조금 밖에 모르는 것, 기도를 게을리하는 것, 불평하고 비판하는 것이 교만입니다.

이런 걸림돌들은 다음과 같은 모습으로 나타납니다.

말씀으로 변화되지 못하면 지식으로만 무장한 위장된 신앙생활을 하게 됩니다. 그래서 자기기만, 즉 척하는 모습을 보이게 됩니다. 자신과 이웃, 하나님을 속이는 것이 자기기만입니다. 삶의 기준을 하나님의 뜻에 맞추지 않고 사람에게 잘 보이려고 행동하는 것, 하나님의 영광을 가로채서 자신을 드러내고 칭찬 받으려 하는 것이 자기기만입니다.

교회에서 자기기만은 '믿음이 좋은 척, 경건한 척, 기쁨으로 헌금을 드리는 척, 감사함으로 봉사하는 척' 하는 모습으로 나타납니다. 믿음의 연륜이 쌓일수록 척하는 것의 급수도 높아집니다. 관심은 세상 즐거움에 있으면서 하나님만을 위해 사는 척, 죄인임을 깨닫지 못하면서도 죄인인 척합니다.

이뿐만이 아닙니다. 속으로 이 정도면 됐지 하면서 겉으로는 겸손한 척, 사랑하는 척, 기도 많이 하는 척, 말씀을 읽지도 않으면서 늘 묵상하는 척합니다. 이 모든 것이 우리를 위선의 길로 빠져들게 합니다.

걸림돌은 하나님과 흥정하려는 모습으로 나타납니다.

우리는 삶에 문제가 생기면 곧잘 하나님의 영광을 담보로 흥정하는 일에 아주 익숙해져 있습니다. 건강을 주시면, 물질을 주시면, 명예를 주시면, 이번 사업만 잘되면 열심히 믿겠다고 하나님과 흥정합니다.

하나님을 믿는 내가 여유 없이 가난하게 살면, 병에 걸려 누워 있게 되면, 자녀 진학이 막히면, 사업에 실패하면 하나님의 영광을 가리는 것 아니냐고 자신의 문제를 하나님께 돌립니다.

신앙의 연륜이 깊다는 사람들일수록, 직분이 높은 분들일수록 더 용감히 흥정합니다. 때로는 하나님께서 우리에게 무슨 신세라도 지신 것처럼 은근히 협박까지 할 때가 있습니다.

하나님은 우리의 창조주이십니다. 하나님은 섬김의 대상임에도 불구하고 많은 사람들이 자신의 문제를 해결해주는 수단으로 이용하려 합니다.

또 다른 형태는 오로지 자신만을 위해 신앙생활 하는 사람들입니다.

눈물, 콧물 흘리며 은혜를 감격해 하지만 주변의 이웃에게 은혜를 전하는 일에는 별로 관심이 없습니다. 다른 사람에게 피해주지 않고 고상하게 조용히 신앙생활 하는 것이 세련된 믿음이라고 생각하는 사람들입니다.

이런 사람들은 주일 잘 지키고, 헌금도 꼬박꼬박 내고, 봉사도 나름 열심히 하지만 은혜를 충전할 기회가 마땅치 않아 신앙생활이 답답하기만 합니다. "모든 족속을 제자로 삼으라"고 명하신 것처럼 하나님께서는 은혜를 체험한 우리가 그 은혜를 이웃에게 나눠주기를 원하십니다.

고여 있는 물이 얼마가지 않아 썩는 것처럼 은혜를 혼자만 붙잡고 있거나 이웃에게 전하지 않는다면 그것은 죽은 믿음입니다. 예수님의 사랑을 이웃에게 나눠줄 때 믿음은 건강해지고, 성장하게 됩니다.

또한 은혜를 방해하는 걸림돌은 세상에 양다리 걸치는 모습으로 나타납니다.

우리는 세상 속에 살고 있기에 세상 것을 버리기가 만만치 않습니다. 자신을 적당히 합리화시키며 위선의 길로 빠져들기 쉽습니다.

세상과 교회를 쉴 새 없이 왔다 갔다 하며 지냄에도 불구하고 세상 향락을 끊지 못하는 분들이 많이 있습니다. 믿음이 나약하기 때문입니다. 한 번 향락을 맛보고 나온 다음에는 더 진한 향락을 갈망하게 됩니다. 죄에 자주 빠져 들어가면 더 이상 헤어 나오지 못하고 체질화되어 버릴 수 있습니다. 지금 당장 끊을 수 없더라도 세상 유혹을 뿌리치기 위한 노력은 계속 되어야 합니다.

이렇게 예수 그리스도 중심의 삶을 살아가고자 하는 우리에게 끊임없이 방해요소들이 다가옵니다. 그것은 우리의 죄 때문입니다. 율법을 지켜 스스로 의로워지려는 본성 때문이며 사단의 유혹 때문입니다.

그 결과 우리는 교만함으로 넘어지기도 하고, 자기기만에 빠져 척하는 위선을 저지르고 맙니다. 하나님을 상대로 흥정을 하고, 죄책감에 빠져 좌절하기도 합니다.

하지만 우리는 두려워 할 것이 없습니다. 성령님께서 우리와 함께 하시기 때문입니다. 이런 걸림돌들을 오히려 우리를 한 단계씩 성숙시켜가시는 디딤돌로 사용하시기 때문입니다. 우리는 이러한 걸림돌들을 예수 그리스도로 말미암아 능히 이기며 예수 그리스도의 장성한 분량에 이르기까지 성장하도록 노력해야 합니다.

인생의 걸림돌은 신앙의 디딤돌이 됩니다.

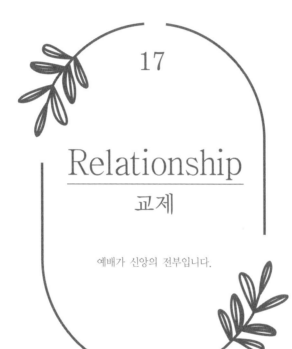

17

Relationship
교제

예배가 신앙의 전부입니다.

17 | 교제

하나님이 이르시되 그가 나를 사랑한즉 내가 그를 건지리라
그가 내 이름을 안즉 내가 그를 높이리라 시 91:14

살아가는데 있어서 주변 사람들과 좋은 교제를 나누고 건강한 관계를 맺는 것은 대단히 중요한 일입니다. 어떤 관계를 가지고 있느냐에 따라 그 사람의 인격과 됨됨이가 결정되기도 합니다.

예수님을 믿는 사람들의 교제는 대부분 교회 공동체 안에서 이루어집니다. 그리고 교제라고 하면 먼저 성도 간의 교제를 떠올리게 됩니다. 하지만 성도간의 교제보다 훨씬 더 중요한 것이 있습니다. 하나님과 우리 사이의 교제를 회복하는 일입니다. 하나님과의 관계를 회복하는 것이 교제의 본질이기 때문입니다.

태초에 하나님이 말씀으로 세상을 창조하셨습니다. 온갖 만물을 다 창조하시고 마지막으로 하나님의 형상을 따라 사람을 지으셨습니다. 그리고 완전한 장소인 에덴동산에서 살도록 허락하셨습니다. 거기서 하나님이 지으신 모든 것을 다스리고 지배하며 살 수 있게 해주셨습

니다.

그러나 한 가지만은 허락하지 않으셨습니다. 에덴동산 중앙에 위치한 선악을 알게 하는 나무의 열매는 먹지 말라고 하신 것입니다. 그것을 하나님과 인간 사이의 관계를 확인하시기 위한 표로 삼으신 것 같습니다. 하나님이 창조자이시며, 절대주권자이심을 그것을 보면서 되새기라고 최소한의 법을 두신 것입니다.

그러나 인간은 사단의 유혹에 넘어가 하나님의 법을 어겼습니다. 선과 악을 알게 하는 나무의 실과를 따먹고 만 것입니다. 죄를 저지른 인간과 하나님과의 관계는 깨지고 말았습니다. 하나님과의 관계가 깨어진 뒤에는 인간과의 관계도 깨어져버렸습니다.

그 때까지 서로 벗고 있어도 전혀 부끄러움을 못 느끼던 아담과 하와의 관계마저 범죄 함으로 깨어지게 된 것입니다. 사람 사이의 관계가 깨어진 후 자연과의 관계도 깨지고 말았습니다.

하나님께서 주신 완전한 삶의 터전인 에덴동산에서 쫓겨나게 된 것입니다. 그로 인해 원죄를 소유하게 된 인간은 영원한 사망과 저주의 법아래 놓이게 되었습니다. 남자는 땀 흘려 수고를 해야 식물의 소산을 얻을 수 있게 되었고, 여자는 해산의 고통을 당해야만 자녀를 얻을 수 있게 되었습니다.

하나님과의 관계가 깨어진 인간은 사랑하려고 아무리 노력해도 온전한 사랑을 이룰 수 없습니다. 자연을 살려보겠다고 환경운동에 발 벗고 나선다 해도 결코 회복되지 않을 것입니다. 우리가 하는 노력의 뿌리가 죄에 연결되어 있기 때문입니다.

그렇다면 깨어져버린 관계는 어떻게 회복할 수 있겠습니까?

그것은 하나님과의 관계가 온전히 회복되어질 때만 가능합니다. 하나님과의 관계가 회복되어야만 사람과의 관계도 회복될 수 있습니다. 하나님과의 관계가 회복된 사람만이 하나님의 긍휼하심과 사랑의 시각으로 사람을 볼 수 있기 때문입니다.

우리는 사람을 평가할 때 그 사람이 무엇을 소유했으며 어떤 배경을 갖고 있느냐에 따라 평가하는 기준을 달리합니다. 즉, 상대적인 평가를 하는 것입니다. 하지만 하나님은 그렇지 않습니다. 어느 누구도 예외를 두지 않고 사랑하시며, 한 사람 한 사람을 천하보다 귀하게 여기십니다. 만약 그렇지 않으셨다면 하늘 보좌 영광을 버리시고 사람의 몸을 입고 이 땅에 오시지 않으셨을 것입니다.

사람과 환경과의 관계도 마찬가지입니다. 하나님과의 관계를 회복한 사람만이 하나님의 시각으로 자연환경을 보며 가꾸고 보전할 수 있습니다. 무수한 사람을 동원해 자연보호 캠페인을 벌인다고 해서 본질적인 회복이 이루어지는 것이 아닙니다.

하나님과의 관계 회복은 하나님과의 교제 회복에 달려 있습니다. 교제의 회복은 다른 말로 예배의 회복입니다. 하나님께 드리는 예배가 회복될 때만 모든 관계가 회복됩니다.

그렇기 때문에 예배는 매우 중요합니다. 예배를 어떻게 드리느냐에 따라서 하나님과의 관계회복을 이룰 수 있기 때문입니다. 예배의 초점은 오직 하나님께만 맞추어져야 합니다. 예배가 자신이 받을 은혜와 감동에 초점을 맞추면 안 됩니다. 교회가 사회를 정화시키는 기능을 가지고 있지만 그것이 목적이 되어서도 안 되고, 도덕적 기능을 가지고 있지만 그것이 목적이 되어서도 안 됩니다. 교회가 존재하는 가장 첫 번째 이유는 하나님을 예배하기 위함입니다. 교회는 무엇보다 우선해서 하나님을 예배하는데 집중해야 합니다. 우리는 예배를 마치고 교회 문을 나서면서 나는 오늘 예배에 참석해 무엇을 얻어가고 있는가? 가를 계수할 때가 많습니다. 이제 바뀌어야 합니다. 오늘 내가 올려드린 예배를 하나님이 기뻐 받으셨을까? 를 자신에게 질문하며 고민하는 예배를 드려야 합니다.

하나님의 은혜에 집중하며 예배의 감격 속으로 들어가야 합니다. 그리고 예배를 통해 우리의 가장 좋고 귀한 것들이 드려져야 합니다. 하나님 앞으로 나가야 합니다. 그럴 때만이 모든 관계의 회복이 풀어지기 시작합니다. 어머니가 어떤 경우에도 자식을 포기하지 않는 것처럼 하나님도 우리를 결코 포기하지 않습니다.

> "그러므로 형제들아 내가 하나님의 모든 자비하심으로 너희를 권하노니 너희 몸을 하나님이 기뻐하시는 거룩한 산 제물로 드리라 이는 너희가 드릴 영적 예배니라" 롬 12:1

교회에서 예배 안내를 하면서 늘 안타까운 것이 있습니다. 예배가 이미 시작되었는데도 절반 정도밖에 좌석이 채워지지 않는다는 것입니다.

5분, 10분, 20분이 지나 예배 위원들의 눈치를 보며 들어오는 성도들을 보고 있노라면 저들이 회사를 출근하거나 다른 약속으로 사람들을 만날 땐 저렇게 늦진 않을 텐데 하는 마음이 듭니다.

정결한 옷차림으로 십 분, 십오 분 전에 교회에 도착해 기도하며 예배를 준비하는 성도들을 보면서 하나님께서 참 기뻐하시겠다는 생각을 해봅니다.

의무방어전을 치르듯이 주일 예배에 참석했으니 할 도리는 다했다고 생각한다면 우리가 드리는 예배가 하나님과 아무 상관없는 것이 될 수 있습니다.

하나님의 은혜를 기뻐하는 예배, 하나님과의 구체적인 만남을 소원하는 예배, 하나님께 헌신해 쓰임받기를 열망하는 예배가 하나님과 우리의 관계를 회복시켜 줄 것입니다.

교제는 하나님과의 관계 회복입니다. 관계는 신령과 진정으로 참 예배를 드릴 때 회복됩니다. 하나님과의 관계가 회복된 사람만이 사람과의 관계를 회복할 수 있습니다. 다시 말해 성도간의 회복이 이루어진다는 것입니다.

하나님과의 올바른 교제 가운데 머물지 않으면 결국 우리의 교제는 자신의 이기심을 채우는 데 쓰일 수밖에 없을 것입니다. 그래서 회복이 이루어지지 않은 사람들이 교회 일을 주도하면 끊임없이 문제를 양산시키는 것입니다. 잎은 무성한 것 같지만 성령의 열매는 열리지 않습니다.

하나님과의 교제가 회복되지 않은 성도간의 교제는 사람의 뜻을 내세울 수밖에 없고, 하나님의 일을 위한 교제가 아닌 자신의 이기심을 채우기 위한 목적으로 관계를 갖기 때문입니다.

이제 하나님과의 관계를 회복할 때입니다. 하나님과의 관계는 참 예배자로 거듭날 때 가능합니다. 하나님과의 올바른 교제는 사람과의 교제를 회복시키며 하나님이 우리에게 다스리라고 주신 환경과의 관계도 회복시킵니다.

우리는 하나님과의 관계, 이웃과의 관계, 우리가 살고 있는 환경과의 관계를 개선해 보려고 노력합니다. 그런데 쉽게 되지 않습니다. 모든 것이 나로부터 시작되기 때문입니다.

"그런즉 너희는 먼저 그의 나라와 그의 의를 구하라 그리하면
이 모든 것을 너희에게 더하시리라" 마 6:33

성경에는 먼저 하나님과의 관계가 회복되면 모든 것을 하나님께서 더해주신다고 말씀하고 있습니다. 하나님의 주권을 인정하라는 것입니다. 우리가 노력해야 하는 부분이 있다면 먼저 하나님의 나라와 의를 구해야 하는 것 입니다. 그것이 예배와 참된 신앙의 첫걸음입니다.

그렇기 때문에 교회공동체는 다양한 문화—세상적, 신앙적—와 배경을 가진 사람들의 모임이라는 것을 인식해야 하며, 영적으로나 인격적으로 완벽한 사람들의 모임이 아님을 이해할 수 있어야 합니다. 서로간의

연약함과 부족함을 인정하고 서로의 부족함을 채워주려 노력할 때
온전한 성도의 교제가 이루어 질 수 있습니다.

18

Love
사랑

사랑만이 사람을 변화시킵니다.

18 | 사랑

그가 우리를 위하여 목숨을 버리셨으니 우리가 이로써 사랑을
알고 우리도 형제들을 위하여 목숨을 버리는 것이 마땅하니라
요일 3:16

들기만 해도 가슴 설레게 하는 단어가 있습니다. 사랑이라는 낱말
입니다. 세상에서는 사랑을 네 가지로 분류하는 것 같습니다.

먼저 에로스 사랑(이성간의 사랑), 필레오 사랑(친구간의 우정), 스톨
개 사랑(부모와 자식간의 사랑)이 있습니다. 이 세 종류의 사랑도 사람이
한 세상을 살아가는데 대단히 중요한 요소들입니다.

문제는 이러한 모습의 사랑은 상황과 시류에 따라서 변할 수밖에
없다는 것입니다. 많은 사람이 사랑이 어떻게 변할 수 있냐고 반문 합니
다. 하지만 인간은 변할 수밖에 없는 존재입니다. 그것을 인정 해야만
사람들과 관계에서 이해의 폭이 넓어지고 상처를 줄일 수 있습니다.

하지만 변할 수밖에 없는 사랑 외에 또 한 가지 사랑이 있습니다. 아가
페 사랑입니다. 이것은 우리 인간을 향한 하나님의 일방적이고 조건없
는 사랑입니다.

조건이 맞으면 가까이 다가서고 그렇지 않으면 미련 없이 떠나버리는 그런 사랑이 아닙니다. 직접 십자가에 달리셔서 찢기고 피 흘리며 이루신 사랑입니다. 더 나아가 자신을 죽이심으로 우리를 살리신 그런 사랑입니다. 그 사랑은 변하지 않는 영원한 사랑입니다.

예수님께서 이 땅에서 공생애를 마감하실 때가 이르시자 제자들을 한자리에 모으셨습니다. 십자가에 달리시기 전 제자들과 마지막 만찬을 드시며 자신의 죽음을 준비하고 계셨던 것입니다.

식탁에서 잡수시고 난 후 일어나 겉옷을 벗고, 수건을 허리에 두르셨습니다. 그리고 대야에 물을 떠서 제자들의 발을 차례로 씻기고 허리에 두르셨던 수건으로 닦아주셨습니다. 베드로의 차례가 되었습니다.

"시몬 베드로에게 이르시니 베드로가 이르되 주여 주께서 내 발을 씻으시나이까 예수께서 대답하여 이르시되 내가 하는 것을 네가 지금은 알지 못하나 이 후에는 알리라 베드로가 이르되 내 발을 절대로 씻지 못하시리이다 예수께서 대답하시되 내가 너를 씻어 주지 아니하면 네가 나와 상관이 없느니라 시몬 베드로가 이르되 주여 내 발뿐 아니라 손과 머리도 씻어 주옵소서" 요 13:6-9

"그들의 발을 씻으신 후에 옷을 입으시고 다시 앉아 그들에게 이르시되 내가 너희에게 행한 것을 너희가 아느냐 너희가 나를

선생이라 또는 주라 하니 너희 말이 옳도다 내가 그러하다
내가 주와 또는 선생이 되어 너희 발을 씻었으니 너희도 서로
발을 씻어 주는 것이 옳으니라 내가 너희에게 행한 것 같이 너
희도 행하게 하려 하여 본을 보였노라" 요 13:12-15

예수님이 제자들에게 섬김의 본을 보여주신 것입니다.

"유월절 전에 예수께서 자기가 세상을 떠나 아버지께로 돌아
가실 때가 이른 줄 아시고 세상에 있는 자기 사람들을 사랑하
시되 끝까지 사랑하시니라" 요 13:1

예수님은 영적으로 미숙하고 별 볼일 없는 제자들을 끝까지 사랑해
주셨습니다. 툭하면 싸우고, 실수도 잦고, 화도 잘 내는 제자들을 너그
럽게 품어주셨습니다. 지적하고 야단치기보다 있는 모습 그대로를 받아
들이는 쪽을 택하셨습니다. 사람은 잘못과 허물을 덮어주고 있는 그대로
받아들이며 격려하고 위로할 때 변해갑니다.
　예수님이 제자들의 발을 씻어주셨습니다. 당신의 사랑을 제자들의
발을 씻기는 것으로 표현하셨습니다. 저녁을 잡수시던 자리에서 일어나
겉옷을 벗고 수건을 가져다가 허리에 두르시더니 대야에 물을 담아 제자
들의 발을 씻기시고 그 두르신 수건으로 닦아주셨습니다.
　사랑은 언어가 아니라 행동입니다. 사랑하는 마음이 가슴에 끓어올라

견디지 못하고 행동으로 표출되는 것 입니다.

진정한 사랑이란 예수님처럼 더러워진 제자들의 발을 씻어주는 것입니다. 자존심을 서슴없이 포기하고 낮은 자의 모습으로 다른 사람을 섬기는 것입니다. 상대방에게 허물이 있더라도 품고 사랑하는 것입니다.

예수님은 우리에게 "내가 너를 사랑한다. 내가 너를 죽기까지 사랑한다!"라고 말씀하십니다. 사랑은 사람을 회복시키는 기적을 낳고, 용서는 치유를 가져옵니다. 예수님은 우리를 정죄하지 않으십니다. 대신 우리의 연약함을 이해하시고 사랑하고 격려하고 축복하십니다.

이처럼 우리도 주변 사람들의 약점을 들추기보다는 오히려 덮어주고 용서해야 합니다. 그럴 때 예수님이 보여주셨던 사랑의 기적이 나타납니다.

> "인자가 온 것은 섬김을 받으려 함이 아니라 도리어 섬기려
> 하고 자기 목숨을 많은 사람의 대속물로 주려 함이니라"
> 막 10:45

예수님은 죄로 인해 영원히 죽을 수밖에 없는 우리의 죄를 씻어주시기 위해 이 땅에 오셨습니다. 우리의 수치를 가려주시고, 저주를 막아주시며, 실패를 회복시켜주시기 위해 오셨습니다.

예수님의 사랑에는 끝이 없습니다. 그래서 당신의 몸을 우리를 위한 대속물로 내어주셨습니다. 예수님은 우리를 사랑하시되 피 흘리기까지,

당신의 살을 찢어주기까지 사랑하셨습니다.

　사랑은 섬김을 받는 것이 아니라 섬기는 것입니다. 희생이 따르는 것이며, 자존심에 상처를 입는 희생이 따르는 일입니다. 우리는 사랑한다는 이유로 상대에게 너무 많은 것을 요구합니다. 절대 자신의 것을 포기하지 않으면서 사랑한다 말합니다.

　자신의 요구를 들어주지 않으면 섭섭해 하고 마침내 등을 돌리는 것이 우리들의 사랑입니다. 즉, 우리의 사랑은 타인을 지배해야 만족하는 사랑입니다. 그러나 이것은 진정한 사랑의 모습이 아닙니다.

　사랑은 나의 생각과 주장을 내려놓는 것입니다. 상대편의 생각이 나와 다름에도 불구하고 못이기는 척하며 양보해주는 것입니다. 있는 그대로를 받아들이고, 침묵하고, 용서하는 것이 사랑의 본질입니다. 상대방의 필요에 내가 맞추는 것이 진정한 사랑입니다.

　사람은 믿음의 대상이 아닙니다. 상황이 달라지면 언제든지 등 돌리고 배반하는 것이 사람의 본질입니다. 사람을 믿으면 상처로 끝나게 되어 있습니다. 사람은 변할 수밖에 없는 존재임을 인정해야 합니다.

　그럼에도 불구하고 끊임없이 용납하고 사랑해야 될 존재가 사람 입니다. 우리가 믿을 수 있는 대상은 신실하시고 변치 않으시는 하나님 한 분이십니다.

　사랑을 이야기하면서 이웃 사랑의 중요한 부분인 구제를 빼놓을 수는 없을 것 같습니다. 지금은 많은 이들이 물질의 풍요를 누리며 살아가고 있는 시대입니다. 하지만 아직도 사회의 한 귀퉁이에는 고통스럽게 살아가는 이웃이 많습니다. 갇힌 자들도 있고, 나그네 된 자(외국인 노동자)들도 있습니다.

세상 사람들이 그들 자신이 해결해야 할 문제이지 자기가 상관할 일이 아니라고 말하는 것이야 어쩔 수 없는 일입니다. 하지만 고통스런 이웃과 같은 시대를 살아가고 있는 그리스도인들마저 이들을 외면하며 예수님의 사랑을 말한다면 그것은 위선일 것입니다.

"믿는 사람이 다 함께 있어 모든 물건을 서로 통용하고 또
재산과 소유를 팔아 각 사람의 필요를 따라 나눠주며" 행 2:44-45

초대교회 성도들만큼은 못한다 해도 하나님께서 우리에게 주신 일부분을 나눔을 실천하는데 사용한다면 하나님의 사랑은 더욱 빨리 확산될 것이며 세상은 변화되기 시작할 것입니다.

구제에 참여할 때 주의할 것이 있습니다. 우리가 생각하기에 필요할 것 같은 것을 우리 마음대로 정해서 우리가 편리할 때에 전해주는 것은 진정한 구제가 아닙니다. 받는 사람의 입장을 충분히 생각하고 그들의 자존심이 상하지 않게 세심하게 배려해야 합니다.

그들의 필요를 그들이 원하는 때에 채워주는 것, 오른손이 하는 일을 왼손이 모르게 하는 것이 성경적인 구제 방법입니다. 세상 사람들은 자신을 드러내려 합니다. 하지만 우리는 예수 그리스도의 사랑만을 나타내 보이면 됩니다.

물질만 전달하는 것도 구제가 아닙니다. 진정한 구제는 영원히 마셔도 목마르지 않은 생수의 강인 예수 그리스도를 전하는 것입니다. 이것이 구제의 최종 목표입니다.

그리고 사랑은 고백하는 것입니다. 우리가 예수님을 구세주로 마음으로 믿고 입으로 고백하여 구원이 확증되어지는 것처럼, 사랑은 끊임없이 고백하는 것입니다. 사람들은 자신이 상대방을 사랑하고 있다고 생각합니다. 그것을 구태여 말로 표현할 필요는 없다고 말합니다. 하지만 그렇지 않습니다. 짐승들도 자기의 식솔들을 목숨을 걸고 보호합니다. 그것은 본능일 뿐입니다. 사람이 짐승과 다른 것은 하나님께서 언어를 주신 것입니다. 언어는 표현되어야 합니다. 그렇기에 고백되지 않는 사랑은 사랑이 아닙니다. 사랑받는 사람은 변화됩니다. 자신에 대한 자존감을 갖기 시작합니다. 사랑한다고 고백할 때 가정이 살아나고, 교회가 살아나기 시작합니다.

예수 그리스도를 통한 하나님의 사랑을 기억하며 우리의 사랑은 지금까지 어땠는지 점검해 봤으면 좋겠습니다.

19

Language
언어

언어는 축복의 문을 여는 열쇠입니다.

19 | 언어

사람은 입에서 나오는 열매로 말미암아 배부르게 되나니 곧

그의 입술에서 나는 것으로 말미암아 만족하게 되느니라 죽고

사는 것이 혀의 힘에 달렸나니 혀를 쓰기 좋아하는 자는 혀의

열매를 먹으리라 잠 18:20-21

우리가 사용하는 말 한 마디에는 사람을 죽일 수도 있고 살릴 수도 있는 엄청난 영향력이 담겨 있습니다. 그래서인지 성경에는 혀를 재갈 먹이고 말을 조심해야 한다는 경고가 여러 곳에 나와 있습니다.

태초에 하나님도 말씀으로 존재하셨습니다. 그리고 말씀으로 온 우주 만물을 창조하셨습니다.

또한 죄로 인해 영원히 죽을 수밖에 없는 우리를 구원하시기 위해 말씀이 육신이 되어 이 땅에 오셨습니다. 그 분이 하나님의 독생자 예수 그리스도이십니다.

곰곰이 생각해 보면 우리의 모든 삶은 말로 시작해서 말씀을 붙잡고 살다가 말씀의 근원이신 하나님께로 돌아가는 것이 아닐까 싶습니다. 이렇게 말은 우리가 살아가는데 절대적인 위치를 차지하고 있습니다. 언

어 사용을 훈련해야 할 필요가 있을 것입니다.

젊은이들이 대화하다 상대방에게 "반사"하고 말하는 것을 들어본 적이 있을 것입니다. 맘에 들지 않은 말을 들었을 때 그 말을 상대방에게 되돌리는 뜻입니다. 이처럼 우리가 누군가를 비판했을 때 상대방이 받아들이지 않으면 그 비판은 저주가 되어 나에게로 되돌아옵니다.

"비판을 받지 아니하려거든 비판하지 말라 너희가 비판하는
그 비판으로 너희가 비판을 받을 것이요 너희가 헤아리는 그
헤아림으로 너희가 헤아림을 받을 것이니라" 마 7:1-2

또한 우리가 누군가를 축복하면 동일한 축복을 나도 누리게 됩니다. 이렇게 우리가 어떤 언어를 사용하느냐에 따라 긍정적인 효과와 부정적인 효과가 동시에 일어납니다.

제가 알고 지내는 과학자가 한 분 있습니다. 소리에 관해 연구하는 '음향학' 교수입니다. 그 분 말이 우리가 입 밖으로 낸 말들이 주파수로 우주 공간에 흩어져 있다고 합니다. 앞으로 조금만 더 연구가 이뤄지면 한 사람이 세상에 태어나서 죽을 때까지 내뱉은 말을 하나도 남김없이 모조리 잡아낼 수 있을 것이라고 합니다.

성경에도 "너희 입술의 평생에 낸 말로 너희를 심판할 것이다"라는 말씀이 있습니다. 얼마나 무서운 경고입니까? 과학 기술이 우리가 내뱉

은 말을 다 잡아낼 수 있다는데 하물며 하나님께서는 어떠하시겠습니까?

왜 언어를 잘 사용해야 하는지 충분한 이유가 될 것 같습니다.

언어가 표현되는 과정을 살펴보면 먼저 지식을 습득하는 입력 과정이 있습니다. 그 다음 머릿속에서 재배열 과정을 거쳐 출력이 이뤄집니다. 그것이 바로 언어입니다. 머릿속에 어떤 정보들이 입력되어 있고, 그 결과 마음과 생각 속에 어떤 것을 품고 있느냐에 따라 입술로 표현되는 것이 다르게 나타나는 것입니다.

하나님의 말씀과 예수님의 사랑을 기준으로 삶을 살아가고 있습니까? 그렇다면 사람을 살리고 회복시키는 언어를 사용할 것입니다. 이러한 언어에는 공동체의 연합을 이루고, 깨어진 관계를 화해시키는 영향력이 있습니다.

반대로 세상적인 기준으로 살며 자신만의 유익을 챙기고 있습니까? 그렇다면 판단하고 비판하며 관계를 상하게 하는 말을 늘어놓을 것입니다. 공동체에 해를 끼치는 자리에 있을 것입니다. 이렇게 관계를 상하게 하고 단절시키는 가장 큰 원인은 다름 아닌 우리가 사용하는 언어입니다.

예수님은 말씀으로 병든 자를 치료하셨습니다. 말씀으로 죽은 자를 살리셨으며, 말씀으로 마귀의 시험을 이기고 승리하셨습니다.

우리가 어떤 언어를 사용하느냐에 따라 삶이 결정됩니다. 언어가 선포되면 능력이 나타납니다. 기록된 말씀을 상황 속에 선포할 때 상황은 바뀌기 시작합니다. 말씀은 능력의 씨가 됩니다. 말씀이 없으면 기적도 능력도 일어나지 않습니다. 간절히 바란다고 해서 기적이 일어나는 것이 아닙니다. 믿음으로 말씀을 붙잡고 상황 속에 선포할 때 기적이 일어납니다.

> "그가 찔림은 우리의 허물 때문이요 그가 상함은 우리의 죄악 때문이라 그가 징계를 받으므로 우리는 평화를 누리고 그가 채찍에 맞으므로 우리는 나음을 받았도다" 사 53:5

"이 말씀을 내가 나의 병든 육체 가운데 나사렛 예수 그리스도의 이름으로 선포하노니 내 안에 머물러 있는 어둠의 세력은 물러가고 질병은 떠나갈 찌어다!"

> "나의 하나님이 그리스도 예수 안에서 영광 가운데 그 풍성한 대로 너희 모든 쓸 것을 채우시리라" 빌 4:19

"이 말씀을 예수님의 이름으로 나의 어려운 상황 가운데 선포하노라. 가난과 실패는 떠나가고 형통함이 임할지어다. 주여, 내 안에 두려움과 불안감을 주며 나를 속이고 있던 더러운 영들이 떠나가게 하시고 시온의 대로가 열리게 하여 주옵소서!"

이렇게 내 삶 곳곳에 말씀을 적극적으로 선포하십시오. 그러면 나의 삶에 변화가 일어날 것입니다.

  그리고 성경 말씀이 기준이 된 언어, 즉 사랑과 용서, 격려와 위로, 회복 등 사람을 살리는 언어를 사용하십시오.

  가끔씩 매스컴에서 사회의 지도층 사람들이 어린 시절 주위 사람으로부터 받은 격려의 말 한마디가 자신의 인생을 바꿔 놓았다고 말하는 것을 들을 수 있습니다.

  우리의 말 한 마디가 죽어가는 영혼을 살려낼 수 있습니다. 힘들어하는 사람, 좌절하고 포기하려는 사람들이 새롭게 출발할 수 있도록 용기를 북돋워줄 수 있습니다. 피폐해져만 가는 이 사회를 살만한 곳으로 바꿔 놓을 수 있습니다.

  생명의 언어, 사랑의 언어를 사용하십시오. 승리하는 언어는 예수 그리스도의 사랑으로부터 시작됩니다.

20

Leader
리더

분명한 목적과 방향을 제시하는 것이
리더입니다.

20 | 리더

인자가 온 것은 섬김을 받으려 함이 아니라 도리어 섬기려 하
고 자기 목숨을 많은 사람의 대속물로 주려 함이니라 막 10:45

공동체 안에서 주어진 시간과 상황을 잘 운영해 남들보다 큰 영향력을
발휘하는 사람을 리더라고 합니다. 하지만 큰일을 할 수 있는 능력이
있다고 해도 모든 사람이 인정하고 따르지 않으면 그 사람은 진정한 리더
가 아닐 것입니다. 리더십은 주변 사람들을 섬기는 것을 통해서 만들
어지기 때문입니다.

예수님은 당신이 섬기려 이 땅에 오셨다고 말씀하셨습니다. 그리고 십
자가에 달려 우리의 죄를 대속해 죽으심으로 섬김의 본과 완성을 보여
주셨습니다.

이처럼 리더의 가장 큰 자질은 섬김입니다. 리더는 자신이 이끄는
사람들을 움직여 하나님의 일을 감당하게 하고, 하나님의 뜻을 이뤄가게
하는 사람입니다. 또한 사람들로 하여금 현재의 자리에서 하나님이 원하
시는 자리로 옮겨가게 만드는 사람입니다. 방법을 제시해주는 것에서

그치지 않습니다. 자신이 직접 하나님께 순종하는 것을 보여주는 사람입니다.

> "또한 지도자라 칭함을 받지 말라 너희의 지도자는 한 분이
> 시니 곧 그리스도시니라 너희 중에 큰 자는 너희를 섬기는 자
> 가 되어야 하리라" 마 23:10-11

우리는 무언가를 소유하려는 목적으로 리더가 되려는 경향이 있는 것 같습니다. 그러나 꼭대기에 혼자 머물려고 하는 사람은 리더가 아닙니다. 모든 일을 독단적으로 결정하려는 사람도 리더가 되어서는 곤란합니다. 리더는 혼자 일하는 사람이 아닙니다. 다른 사람의 상황을 개선시켜 같이 일하려고 노력하는 사람입니다. 특히 크리스천 리더는 스스로를 높이는 자가 아니라 자신의 희생을 통해 하나님을 높이는 사람입니다.

또한 리더는 하나님의 계획에 따라 일하며 올바른 방향을 제시해주는 사람입니다. 왜냐하면 속도보다 방향이 더 중요하기 때문입니다. 만약 방향을 잘못 잡았다면 빠를수록 목적지와 더욱 멀어질 것입니다. 결국 열심히 방황만 하게 될 것입니다. 하지만 조금 천천히 간다 해도 방향이 정확하다면 얼마 후 목적지에 정확히 도착할 것입니다.

다른 사람을 지배하려는 사람은 절대 영적 리더가 되면 안 됩니다. 세상의 리더십은 군림하고 지배하려 듭니다. 그들의 목적은 모든 수단과 방법을 동원해 자기가 속한 집단의 이익을 창출하는 것입니다. 하지만

영적 리더십은 남을 섬기기 위해 자신의 손해를 감수하는 사람입니다.

리더십은 사람을 조종하고 관리하는 것이 아닙니다. 사람들의 문제를 풀어주고 필요를 채워주는 것입니다. 아픔을 만져주고 상처를 치유해 건강하게 만드는 것이 리더의 역할입니다.

리더는 사람들이 필요로 하는 정보와 지식, 지혜를 기꺼이 나눠줍니다. 그들이 다른 사람들을 잘 섬길 수 있도록 사랑을 전수해 줍니다.

안정된 리더는 상대방을 배려하고 동기를 부여합니다. 반대로 불안정한 리더는 다른 사람들의 환심을 사려고 하며 자신의 권위에만 관심을 둡니다.

예수님께서는 단 한 번도 자신의 권리를 주장하지 않으셨습니다. 그리고 사람들이 피하는 사람들을 가까이 하시며 그들과 관계를 맺으셨습니다.

우리의 모습은 어떻습니까? 자기와 생각이 다른 사람들은 배척하고 자신과 동조하는 사람들 하고만 일하려고 하지 않습니까?

진정한 리더는 환경과 상황보다 관계와 연합을 중요시 합니다. 상황이 발생했을 때 올바르게 반응하지 못하는데서 관계가 악화되기 시작합니다. 결국 연합에 문제가 생기면 공동체가 약화되기 시작합니다.

리더는 자신을 따르는 사람들의 신뢰를 어떤 경우에도 깨뜨리지 말아야 합니다. 만약 신뢰를 깨뜨렸다면 솔직히 실수를 인정하고 용서를 구해야 합니다. 사과하는 것이 오히려 리더십을 강화시킬 수 있습니다. 그렇지 않으면 문제가 더욱 불거져 공동체에 해악을 끼치게 될 것입니다.

그렇기에 리더는 완벽하려 노력하기보다 정직을 연습해야 합니다. 다른 리더를 따르고 순종하는 것도 배워야 합니다.

우리가 섬기고 있는 교회 공동체 안에는 숨겨진 리더십이 많이 있습니다. 어떻게 보면 그들을 통해 교회가 유지된다고 해도 과언이 아닙니다. 그들은 보이지 않는 곳에서 섬기는 분들입니다. 남들이 즐겨하지 않는 일을 늘 기쁘게 감당하고 있는 사람들입니다.

주방에서 식사를 준비하고 설거지를 도맡아 하시는 분, 말없이 화장실을 청소하시는 분, 싫은 소리를 들어가면서 도로에서 주차봉사 하시는 분, 예배 전후마다 교회 안팎을 쓸고 닦으시는 분… . 빛도 없고 이름도 없는 자리에서 묵묵히 섬김을 실천하시는 분들입니다.

또한 주일마다 예배 후 남은 교회 주보나 신문을 들고 아파트촌을 다니시면서 전도를 하시는 분, 외국인 노동자들을 찾아다니며 복음을 전하고 그들의 필요를 찾아 돕는 분, 의료 혜택을 받지 못하는 무의촌을 찾아다니며 치료해주시는 분 등, 우리 주변에는 예수 그리스도의 사랑 때문에 그 사랑을 전하고자 숨어서 일하시는 분들이 많이 있습니다.

이런 분들이 바로 훌륭한 리더들입니다. 이렇게 보이는 곳과 보이지 않는 곳에서 수고하는 리더들이 예수 그리스도의 사랑으로 하나 되어 섬김을 실천한다면 교회 공동체는 더욱 아름답고 견고하게 세워져 갈 것입니다.

이런 리더십들이 있기에 복음은 오늘도 모든 민족과 열방을 향해 땅 끝으로 퍼져 나가고 있습니다. 영향력은 숫자의 높고 낮음에 있지 않습니다. 어떤 사람들이 일하고 있느냐가 더 중요합니다.

강한 자는 약한 자가 실족하지 않도록 자신에게 주어진 권리를 절제하거나 제한하여 교회의 덕을 세워야 합니다.

예수 그리스도를 영접한 우리도 그 분의 사랑을 전할 열망만 가지고 있다면 모두가 리더입니다. 우리 모두 진정한 리더이신 예수 그리스도를 닮아 가야 합니다.

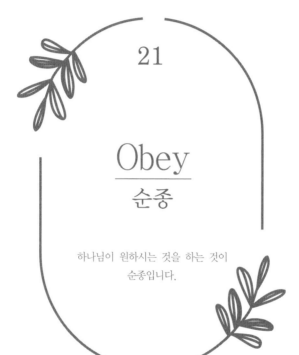

21

Obey
순종

하나님이 원하시는 것을 하는 것이
순종입니다.

21 | 순종

한 사람이 순종하지 아니함으로 많은 사람이 죄인 된 것 같이
한 사람이 순종하심으로 많은 사람이 의인이 되리라 롬 5:19

그리스도인들이 신앙생활을 하면서 수시로 듣게 되는 단어 중 하나가 순종입니다. 그렇기에 무엇을 어떻게 하는 것이 진정한 순종인지 생각해 볼 필요가 있습니다.

진정한 순종이란 하나님께서 원하는 것이라면 불가능해 보인다 해도 앞으로 헤쳐 나가는 것이고, 하나님의 뜻이 아니라면 자신의 생각과 의지를 겸손히 내려놓고 그 자리에 서는 것입니다. 다시 말해 세상적인 논리와 방법을 포기하고 하나님께서 원하시는 뜻대로 살아가는 것이 순종입니다.

성경에서 제시하는 순종의 기준점은 예수님일 것입니다. 우리가 어떻게 순종할지는 예수님이 이 땅에 오셔서 보여주신 모습을 살펴보는 것이 좋은 방법일 것 같습니다.

우리들은 언제일지 정확히 알 수는 없지만, 먼 훗날 하나님 앞에 서게

되는 날이 반드시 올 것입니다. 그 날 예수님은 하늘 보좌에 앉으셔서 우리를 심판하시면 그만이었습니다. 하지만 그렇게 하지 않으시고 육신의 몸을 입고 이 땅에 오셨습니다. 예수님은 우리의 죄를 대속하시고자 십자가에 달려서 고통을 받으셨습니다.

> "그는 근본 하나님의 본체시나 하나님과 동등됨을 취할 것으로 여기지 아니하시고 오히려 자기를 비워 종의 형체를 가지사 사람들과 같이 되셨고 사람의 모양으로 나타나사 자기를 낮추시고 죽기까지 복종하셨으니 곧 십자가에 죽으심이라"
>
> 빌 2:6-8

예수님이 십자가에서 당하신 고통은 우리 인간이 감당할 수 있는 고통과 분명 달랐습니다. 예수님의 좌우편 십자가에 달렸던 두 명의 강도도 겉으로 보기에는 예수님과 똑같은 고통을 당했기 때문입니다.

그러나 그들은 자신이 지은 죄에 대한 형벌로 극심한 고통을 받고 죽었지만 한 인간이 받을 수 있는 만큼의 고통만을 받았습니다. 하지만 예수님이 당하신 고통은 다릅니다. 온 인류의 -창세로부터 현재까지 그리고 예수님이 다시 오실 세상 끝 날까지 존재할 모든 인류- 죄의 무게가 모두 합해진, 그래서 우리로서는 도저히 상상할 수 없는 그러한 고통이었습니다.

예수님은 십자가에 달리시기 전 "아버지여 이 잔을 내게서 옮기시 옵소서 그러나 나의 원대로 마시옵고 아버지의 원대로 하옵소서"라고 간절히 구하셨습니다. 아마 예수님도 감당하기 어려운 모진 고통이기 때문이었을 것입니다. 그럼에도 불구하고 예수님은 자기의 뜻을 포기하고 하나님 아버지의 뜻을 따랐습니다. 완전한 순종을 하신 것입니다.

순종은 가장 가치 있다고 여기며 이제까지 내가 붙잡고 있던 것들을 포기하는 것입니다. 내가 가진 가치관과 지식, 경험 등을 포기하고 하나님의 뜻에 따르는 것입니다. 그리고 예수님처럼 자기 십자가를 지는 것입니다.

예수님 한 분의 십자가 순종을 통해 온 인류가 구원을 누릴 수 있게 되었습니다. 믿음의 조상인 아브라함도 백세가 넘어 얻은 아들 이삭을 제물로 바치라고 했을 때 결코 쉽지 않은 일이었지만 하나님께 순종했습 니다. 이 일을 통해 아브라함은 온 인류의 믿음의 조상으로 불리는 영광 을 얻었습니다.

베드로도 마찬가지였습니다. 그는 평생 물고기를 잡으며 지낸 어부였습니다. 물고기가 지나가는 길과 그물질만큼은 누구 못지않게 잘 아는 사람이었습니다. 어느 날 베드로가 밤새도록 그물을 던졌지만 물고기가 한 마리도 잡히지 않았습니다.

이를 지켜보던 예수님이 그물을 배 오른 편에 던져보라고 말씀하십니다. 행색을 보아하니 어부 같지 않았습니다. 베드로 입장에서 자존심이 상할 법했었습니다. 그럼에도 베드로는 예수님의 말씀을 따라 배 오른 편에 그물을 던집니다.

이렇게 순종은 자신의 가치관과 지식, 경험을 내려놓고 하나님의 말씀을 따르는 것입니다. 순종에 대한 하나님의 응답은 우리가 감히 생각지도 못하는 놀라운 축복입니다. 베드로가 던진 그물에 153마리나 되는 큼직한 물고기들이 잡혔습니다. 끌어 올릴 수 없을 정도로 그물이 가득 찼습니다.

> "이르시되 그물을 배 오른편에 던지라 그리하면 잡으리라
>
> 하시니 이에 던졌더니 물고기가 많아 그물을 들 수 없더라"
>
> 요 21:6

그럼 우리의 순종은 어떤 모습입니까? 혹, 자기가 하고 싶은 것만 골라서 하고 있지 않습니까?

우리는 순종에 너무 조건을 다는 것이 문제인 것 같습니다. 하나님의 뜻인지 아닌지 분별하기 전에 나에게 돌아올 유익이 무엇인지 먼저 계산해 보는 경향도 짙습니다. 하나님께서 내게 원하시는 일인지 살펴보는 것은 중요하게 생각하지 않습니다. 나의 정서와 맞지 않고 내가 얻어갈 것이 별로 없을 것 같으면 이런저런 이유를 붙여 그 자리에서 벗어나려 합니다. 맡고 있는 일이라도 언제든 내팽개치고 돌아설 수 있습니다. 이것이 순종에 대한 우리의 반응입니다. 하나님 말씀과 교회 공동체의 유익보다 자신의 유익에 초점이 맞춰져 있기 때문입니다.

교회 공동체는 성도들의 작은 순종이 모여 견고히 세워져 갑니다.

성도들도 하나님 말씀에 순종하고 교회 공동체를 따르며 영적 성장을 이루어 갑니다. 우리는 특정 개인에게 순종하는 것이 아닙니다. 하나님의 말씀과 교회 공동체에 대한 순종입니다. 이러한 순종은 자신을 낮추고 하나님을 높이는 일이 됩니다.

> "그 주인이 이르되 잘하였도다 착하고 충성된 종아 네가 적은 일에 충성하였으매 내가 많은 것을 네게 맡기리니 네 주인의 즐거움에 참여할지어다 하고" 마 25:21

내가 하고 싶은 일을 골라서 하는 것은 순종이 아닙니다. 남들이 알아 주지도 않는 귀찮은 일일지라도 하나님이 원하시고 교회 공동체를 위한 것이라면 언제든 기쁘게 임하는 것이 순종입니다.

크게 어렵지도 않고 누구나 맡고 싶어 하는 일이라면 하나님께서 순종을 요구하시지 않을 것입니다. 나 자신은 감춰지더라도 예수님이 드러날 수 있다면 어떤 상황에서든 감당하겠다고 나서는 것이 순종입니다.

손해를 볼 수 있습니다. 따돌림을 당할 수도 있습니다. 하지만 예수 그리스도의 사랑과 은혜를 전하기에 유익하다면 언제든 자신을 포기하고 믿음으로 나아가는 것이 진실 된 순종의 모습입니다.

교회 공동체에서 문제가 생기는 것은 자기 자신을 포기하지 않기 때문입니다. 생색낼 수 있는 일은 내가 하고, 보이지 않는 곳에서 감당해야 하는 힘든 일은 다른 사람에게 맡기려는 생각에서 갈등이 싹틉니다.

우리 한 사람 한 사람이 자신을 포기하고 진정으로 순종하며 헌신한 다면 주님의 교회는 견고히 세워지며 복음은 빠른 속도로 땅 끝까지 확산되어 나갈 것입니다.

　　순종은 나를 통해서 예수 그리스도를 나타내는 것입니다. 나는 십자가 뒤에 감춰지고 예수님만 드러내는 것 입니다. 온전한 순종은 영적 성숙을 이루며 하나님께 더욱 가깝게 나아가는 힘입니다.

하나님이 원하시는 것을 하는 것이 순종입니다.

22

Suffering

고난

고난은 성숙과 축복의 기회입니다.

22 | 고난

내 형제들아 너희가 여러 가지 시험을 당하거든 온전히 기쁘게
여기라 이는 너희 믿음의 시련이 인내를 만들어 내는 줄
너희가 앎이라 인내를 온전히 이루라 이는 너희로 온전하고
구비하여 조금도 부족함이 없게 하려 함이라 약 1:2-4

하나님은 지금 이 시간에도 나와 함께 하시고 나의 은밀한 부분까지도
바라보고 계십니다. 또한 하나님이 모든 곳에 계시다는 것은 과거의
나의 아픔 과 고난의 시간 가운데도 함께 계셨다는 의미입니다. 그렇기
에 고난의 시간들을 통해 하나님께 가까이 나갈 수만 있다면 그 사건은
상처가 아니라 축복의 시작입니다.

사단의 가장 첫 번째 공격대상은 신실한 그리스도인들입니다. 그리고
사단의 공격은 여러 가지 고난을 통해 경험하게 됩니다. 사단이 세상
적인 가치에 기반을 두고 사는 사람들을 구태여 공격할 이유가 없습니
다. 오히려 그리스도인들에게 사단의 공격이 없다는 것이 더 큰 문제입
니다. 그리스도인들은 영적으로 늘 깨어 있어야 합니다. 그러나 그리스
도인들도 고난과 마주한다는 것은 결코 쉽지 않은 일입니다.

우리에게 닥쳐온 고난들이 우리 스스로의 힘으로 풀 수 있는 문제라면 얼마나 좋겠습니까? 하지만 그렇지 않습니다. 역설적으로 하나님께서는 우리에게 풀 수 없는 문제를 주십니다. 왜 그렇습니까? 그 문제를 가지고 하나님 앞에 나오기를 원하시기 때문입니다. 그리고 나와 교제하기를 원하셔서 나를 기다리고 계셨던 하나님 앞에 그 문제를 가지고 나가 무릎 꿇으면, 그 문제는 풀 수 있는 문제로 전환되는 것입니다.

그러나 고난을 겪고 있는 사람의 아픔은 당사자가 아닌 이상 온전히 이해하기 어렵습니다. 별 문제 없이 평탄하게 지낼 때와 고난 중에 처해 있을 때의 신앙생활이 다를 수밖에 없는 것도 사실입니다.

그리스도인들이 교회공동체 안에서 자신의 어려운 문제를 드러내기란 결코 쉽지 않습니다. 특히 경제적인 문제로 어려움을 겪고 있다면 내색 하지 못하고 혼자 힘들어 할 수밖에 없습니다. 공동체 안에 자신의 처지 가 알려지면 사람들의 시선을 의식하지 않을 수 없습니다. 사람들이 이전 과 똑같이 대해줘도 심적으로 위축될 수밖에 없는 것이 현실입니다.

지금 당하고 있는 고난이 육신의 질병이라면 기도해달라고 떳떳하게 부탁할 수도 있습니다. 하지만 재정적인 문제라면 쉽지 않습니다. 재정적인 어려움에 대하여 솔직히 나누고, 그것을 선입견 없이 품어주는 성숙한 분위기가 아직은 마련되어 있지 않은 것 같습니다. 세상 사람들 이라면 흔쾌히 도움을 주고받을 수 있는 것도 교회에서는 홀로 인내하며 감당하는 경우가 많습니다.

그렇기에 교회에 다니지 않는 사람들은 건강하고 돈도 잘 버는데, 왜 신앙생활을 열심히 하는 나는 풀리기는커녕 갈수록 꼬여만 가는 것이냐며 하나님을 원망할 때도 많이 있습니다.

지금 처해 있는 고난이 축복의 시작이라는 설교 말씀이 공허하게 들리는 까닭은 말씀에 담긴 위로보다 고난이 주는 아픔이 더 크게 느껴지기 때문일 것입니다.

하지만 말씀 안으로 조금만 더 깊이 들어가 고난을 바라보면 왜 내가 이런 시간을 통과하고 있으며 어떻게 헤쳐 나갈 수 있는지 답을 얻을 수 있습니다.

우선 고난을 되짚어 보면 그것이 자신의 욕심에서 비롯된 것임을 알 수 있습니다. '왜 기도해보지 않고 그런 결정을 내렸는지…', '좀 더 일찍 건강에 신경 썼으면 병원 신세는 면했을 텐데…' 모든 문제의 발단은 자신이었음을 깨닫게 됩니다. 하나님과 상관없는 일이었다는 것도 알게 됩니다.

그럼에도 불구하고 하나님께서는 야단치시지 않으시고 우리의 모습 그대로를 받으시며 선하게 빚어 가십니다. 만약 하나님께서 잘못을 따지고 거기에 걸맞게 책임을 물으신다면 우리의 소망을 어디에 둘 수 있겠습니까?

"무릇 하나님께로부터 난 자마다 세상을 이기느니라 세상을 이기는 승리는 이것이니 우리의 믿음이니라 예수께서 하나님의 아들이심을 믿는 자가 아니면 세상을 이기는 자가 누구냐" 요일 5:4-5

"세상에서는 너희가 환난을 당하나 담대하라 내가 세상을 이기었노라" 요 16:33

월말고사, 중간고사, 기말고사 등 학생들은 번번이 시험을 치르느라 바짝 긴장하며 지냅니다. 시험을 치기 싫어도 치를 수밖에 없는 이유는 시험에서 일정한 점수에 도달해야만 다음 단계로 올라갈 수 있기 때문입니다.

또한 해당 학년의 교과 내용을 이해해야만 다음 학년으로 올라가서 수업하는데 지장이 없습니다. 학생에게 시험은 반드시 통과해야 하는 관문입니다. 통과의례가 아닌 자신을 위한 필수 과정이었음을 시간이 많이 지난 후에야 깨닫게 됩니다.

이처럼 인생에서 뜻하지 않게 맞게 되는 고난도 결국 우리를 한 단계 성장시키려는 하나님의 계획이라고 이해한다면 조금은 위안이 될 것 같습니다.

언젠가 어느 목사님이 파도가 치지 않는 바다는 죽은 바다라고 말씀하신 적이 있습니다. 파도가 쳐야 정결함과 생명력이 유지될 수 있다는 것입니다.

> "의인은 고난이 많으나 여호와께서 그의 모든 고난에서
> 건지시는도다" 시 34:19

우리의 삶이 평안함의 연속일 뿐이라면 어쩌면 그것이 더 큰 위기일 수 있습니다. 인생에도 파도가 치는 것은 당연합니다. 닥쳐오는 파도의 소용돌이를 넘을 때마다 인격적으로나 영적으로 성숙해 가는 것입니다.

만약 우리에게 고난이 없다면 진정으로 하나님께 무릎 꿇을 수 있는 기회가 얼마나 되겠습니까? 과연 몇 번이나 하나님의 도우심을 간절히 바라며 나아가겠습니까? 우리에게 축복은 하나님과 동행하는 삶입니다. 고난을 통해서라도 하나님과 가까워질 수 있다면 그것은 큰 축복일 것입니다.

> "그러므로 하나님의 능하신 손아래에서 겸손하라 때가 되면
> 너희를 높이시리라 너희 염려를 다 주께 맡기라 이는 그가
> 너희를 돌보심이라" 벧전 5:6-7

나의 실패는 하나님의 성공이 시작되는 시점이고 나의 약함은 하나님의 강함이 시작되는 자리입니다. 철저히 자신을 부인하며 자신의 삶에서 하나님을 인정한다면 그 때부터 우리 인생의 문제는 더 이상 우리의

문제가 아닌 하나님께서 개입하시는 문제가 될 것입니다.

　힘 있고 능 있으셔서 못 하실 것이 전혀 없으신 하나님께서 나의 삶을 주관하시는 그 순간부터 고난으로부터의 탈출이 시작되는 것 아니겠습니까? 지금 당장 눈에 보이지는 않지만 고난 뒤에 준비해 놓으신 하나님의 축복을 믿음의 눈으로 볼 수만 있다면 분명 고난은 하나님의 축복의 시작입니다.

　그러나 고난 속에도 잊어서는 안 될 것이 있습니다. 고난에서 탈출하는 것도 중요하지만 더 중요한 것은 이 고난을 통해 하나님께서 내가 무엇을 깨닫기 원하시는지를 아는 일입니다.

　개 훈련 이야기가 있습니다. 조련사는 훈련시킬 개에게 고깃덩어리를 제일 먼저 던져줍니다. 개가 고기를 먹으려는 순간 조련사는 개를 매몰차게 때립니다. 이 일을 몇 일간 계속 반복합니다.

　그 다음에 조련사가 고깃덩어리를 던져주면 개는 맞을까봐 심하게 경계하며 눈치를 봅니다. 차마 고기를 물지 못하고 고기 앞에서 짖기만 할뿐입니다. 조련사는 그런 개를 또 때립니다. 그렇게 또 며칠을 보냅니다.

　그 다음부터 고기를 먹을 때도 맞았고, 짖기만 해도 맞았던 개가 드디어 조련사의 손끝을 보기 시작합니다. 고기를 던져줘도 고기를 쳐다보지 않고 조련사의 손끝에서 눈을 떼지 않습니다. 그리고 조련사의 지시가 없는 한 절대 움직이지 않고 기다립니다. 그때부터 조련사는 때리는 일

없이 개를 훈련시킨다고 합니다.

우리 인생도 마찬가지인 것 같습니다. 처한 상황이 급박하다보니 실패의 원인을 점검하지 않고 발등에 떨어진 불만 끄려다 악순환을 되풀이합니다. 실패의 첫 걸음이 그렇게 시작됩니다. 훈련 받는 개처럼 조금씩 실패에 길들여져 가는 것입니다. 당장의 복잡한 문제와 상황이 힘들어도 고개를 돌려 주님을 바라봐야 합니다. 잠잠히 그 분의 음성을 들을 때 돌파구가 열리고, 꼬였던 매듭이 풀어지기 시작할 것이기 때문입니다. 상황과 싸워서 이기려고 하는 것이 문제입니다. 하나님이 개입하시면 내가 어떤 상황에 처해 있더라도 승리할 수 있습니다.

고난을 어떻게 피해 갈까 고민하지 말고 고난을 딛고 이길 수 있는 능력을 달라고 기도하십시오. 고난에서 벗어나는 방법은 조용히 눈을 들어 예수 그리스도를 바라보는 것입니다.

지금 내 앞에 놓여 있는 문제와 상황에 집착하다 보면 그것에 눌려 예수님을 잃어버리기가 쉽습니다. 하지만 예수님을 먼저 바라보면 내가 능히 이겨나갈 수 있는 작은 문제였음을 알 수 있을 것입니다.

> "그런즉 너희는 먼저 그의 나라와 그의 의를 구하라 그리하면
> 이 모든 것을 너희에게 더하시리라" 마 6:33

하나님의 사람들은 염려할 수밖에 없는 상황에서 염려와 근심을 뛰어넘어 하나님을 바라봅니다. 그리고 말씀을 의지해 기도하며 앞으로

나아갑니다.

　가끔 장례예배에 참석하면 내가 오늘도 살아 숨 쉬고 있음이 얼마나 감사한 지 깨닫게 됩니다. 하나님께서 나의 호흡을 오늘이라도 거둬 가신다면 내가 할 수 있는 것은 아무것도 없기 때문입니다.

　오늘 호흡이 있기에 열심히 노력해 성공할 수 있는 기회를 갖게 되는 것입니다. 실패해 고통 받는 것도 호흡이 있기에 누릴 수 있는 특권 입니다. 또 다른 축복의 길로 들어서는 기회가 되기 때문입니다.

　잠깐의 고난 뒤에 맞게 될 하나님의 축복을 믿음의 눈으로 볼 수 만 있다면 지금 내가 짊어지고 있는 문제와 상황은 놀라운 축복의 디딤돌이 될 것입니다.

　세상은 물질이 많으면 행복하고 물질이 없으면 불행하다고 생각합니다. 하지만 행복과 불행은 물질에 좌우되지 않습니다. 물질이 넉넉하면 조금 편리하고, 없으면 조금 불편한 것뿐입니다. 물질은 영원하지 않습니다. 잠시 있다 없어질 것들입니다.

　영원한 생명이신 예수 그리스도를 소유했느냐가 진정한 행복의 기준입니다. 예수 그리스도를 소유했다면 당신은 영적 부자입니다. 목마른 심령들에게 퍼주고, 퍼주고, 또 퍼준다 해도 영원히 목마르지 않는, 생수되신 예수 그리스도를 소유한 부자들인 것입니다. 예수님을 구주로 영접한 당신은 진정한 행복을 소유한 부자입니다.

고난은 성숙과 축복의 기회입니다.

23

Dedicate
헌신

자신을 포기하는 것이 진정한 헌신입니다.

23 | 헌신

이에 예수께서 제자들에게 이르시되 누구든지 나를 따라오려
거든 자기를 부인하고 자기 십자가를 지고 나를 따를 것이니라

마 16:24

식당 봉사, 주일학교 봉사 등 우리는 공동체 안에서 봉사라는 말을 즐
겨 사용합니다. 그런데 봉사의 의미를 자세히 살펴보면 우리가 이 단어를
사용해도 괜찮은 것인지 한 번쯤 생각해 보게 됩니다.

봉사에는 있는 자가 없는 자에게 베풀다, 가진 자가 갖지 못한 자에게
준다는 뜻이 담겨 있습니다. 무엇인가 할 수 있는 사람이 할 수 없는 사람
의 필요를 해결해 준다는 의미로 쓰여 집니다.

세상 사람들이 이 말을 사용할 때는 틀린 것 같지는 않습니다. 하지만
예수님을 믿는 사람들에게는 적합하지 않다는 생각이 듭니다. 무언가를
소유하고 있어야 그것을 나눠주며 봉사한다고 할 수 있을 것입니다. 우리
에게 소유물이 과연 있을까요?

우리는 하나님이 주신 것을 받기만 하는 존재입니다. 하나님이 각
사람에게 주신 분량 안에서 하나님을 위해 시간과 물질, 재능을 다시

드리는 '헌신'을 할 수 있을 뿐입니다.

교회 일이 너무 많아 힘들다고 불평 아닌 불평을 하는 사람들이나 "바빠서 정신없다"는 말을 습관처럼 달고 다니는 사람들을 이따금씩 볼 수 있습니다. 교회에서 중요한 일을 맡고 있으니 인정해 달라는 표현일 것입니다.

크게 잘못된 것은 아닌 것 같습니다. 열심히 섬기는 사람들 덕분에 교회 공동체에서 많은 일이 이루어져 가는 것도 사실이기 때문입니다. 반대로 눈에 보이지 않는 곳에서 있는 듯 없는 듯 조용히 섬기는 분들도 적지 않습니다.

이렇게 일하면서 자신을 드러내고픈 분들, 낮은 곳에서 조용히 섬기는 분들이 하나로 어우러져 교회가 세워져 가는 것 같습니다.

그럼 헌신이 무엇인지 생각해 보겠습니다. 헌신의 진정한 의미를 알려면 예수님에 대해 이야기해야 할 것 같습니다.

> "그는 근본 하나님의 본체시나 하나님과 동등됨을 취할 것으로
> 여기지 아니하시고 오히려 자기를 비워 종의 형체를 가지사
> 사람들과 같이 되셨고 사람의 모양으로 나타나사 자기를 낮추
> 시고 죽기까지 복종하셨으니 곧 십자가에 죽으심이라" 빌 2:6-8

예수님은 십자가에 달려서 찢기시고 피 흘리심으로 영원히 죽을 수밖

에 없던 우리의 죄를 대속해주셨습니다. 그리고 삼일 후에 죽은 자 가운데서 다시 살아나셔서 우리에게 부활의 산 소망을 갖게 하셨습니다. 하나님이신 그 분이 우리 인간을 위해 완전한 헌신을 하신 것입니다.

여기서 보듯 헌신의 본질은 예수 그리스도입니다. 헌신의 핵심은 자신의 모든 것을 드리는 것입니다. 생명까지 아낌없이 내어놓는 것이 아닐까 생각합니다.

하지만 교회 공동체에서 헌신하고 있고 또 헌신된 사람들이라고 자처하는 우리의 모습은 어떻습니까? 혹시 가룟 유다처럼 반대급부를 기대하며 헌신하고 있지는 않습니까?

사역이 내 뜻대로 진행되지 않는다고 이런저런 구실을 만들어 그만두려 하고 있지는 않습니까? 내 생각과 다르면 잘못된 것을 바로 잡아야 한다며 사역을 방해하고 있지는 않습니까?

"아무 일에든지 다툼이나 허영으로 하지 말고 오직 겸손한 마음으로 각각 자기보다 남을 낫게 여기고 각각 자기 일을 돌볼뿐더러 또한 각각 다른 사람들의 일을 돌보아 나의 기쁨을 충만하게 하라" 빌 2:3-4

헌신은 자신이 챙길 걸 다 챙기고 난 다음, 남은 것으로 하는 것이 아닙니다. 헌신은 자신이 소유 중 가장 귀한 것을 드리는 것입니다. 우리가 소유한 모든 것은 처음부터 우리 것이 아니라 하나님 것이었 습니다. 우리가 헌신하는 모습도 상당 부분 바뀌어야 합니다.

우리는 교회 공동체의 필요에 맞춰 헌신하지 않고 자신의 취향에 따라 헌신을 결정할 때가 얼마나 많은지 모릅니다. 헌신은 내가 임의로 결정하는 것이 아닙니다. 하나님의 명령입니다.

그렇기에 헌신에는 철저한 자기부인이 뒤따라야 합니다. 자기가 당연히 누릴 수 있는 조건을 포기하고 겸손하게 섬기는 것이 헌신입니다.

헌신은 하나님으로부터 받아 누리고 있는 것들을 내가 아닌 주를 위해 사용하는 것입니다. 나에게 주신 시간과, 물질, 재능을 하나님의 교회와 복음 전파를 위해, 그리고 소외된 이웃들을 위해 기꺼이 내어놓는 것입니다.

만약 내 것과 하나님의 것을 구별하고 있다면 하나님께 헌신된 자라고 볼 수는 없을 것입니다. 진정한 헌신은 내가 가진 모든 것의 주권이 하나님께 있음을 인정하며, 하나님께서 나의 모든 것을 주장하실 수 있게 내어드리는 것입니다.

자신을 하나님의 일에 합당하게 빚어 가시길 소원하며, 하나님의 나라와 천국 복음을 위해 자신의 모든 것을 기쁘게 내어드리는 것이 진정한 헌신입니다.

> "그가 모든 사람을 대신하여 죽으심은 살아 있는 자들로 하여
> 금 다시는 그들 자신을 위하여 살지 않고 오직 그들을 대신하
> 여 죽었다가 다시 살아나신 이를 위하여 살게 하려 함이라"
> 고후 5:15

내가 하나님을 위해 일해 주고 있다고 착각해서는 안 됩니다. 내가 교회를 위해 일하는 것이 아니라 하나님이 나를 사용해주시는 영광을 누리는 것입니다. 나 같은 사람도 하나님께서 사용해주신다는 것을 감사하며 일하는 것입니다.

우리의 참된 헌신을 통해 하나님 나라가 이 땅에 회복되고, 땅 끝까지 복음이 전파될 것입니다.

24

Justice
정의

하나님의 말씀만이 진정한 정의입니다.

24 | 정의

악인의 길은 여호와께서 미워하셔도 공의를 따라가는 자는
그가 사랑하시느니라 잠 15:9

　사람들은 사회에 정의가 구현되길 간절히 원하고 있습니다. 나름대로
정의를 논하며 정치 지도자들에게 기대보기도 하고, 종교 지도자들에게
희망을 걸어보기도 합니다. 하지만 정의로운 사회가 오기는커녕 음란은
기승을 부리고, 도덕과 윤리는 갈수록 황폐해져 가고 있습니다. 지금
우리는 어둠으로 뒤덮인 시대를 살고 있다고 해도 과언이 아닙니다.

　그동안 정권이 바뀔 때마다 부정부패를 청산하겠다고 사회 곳곳에
사정의 칼날을 들이댔지만 별 효과를 보지 못했습니다. 정의 구현을
시도하다 괜한 미움만 사겠다 싶었는지 자기 자리는 무슨 일이 있어도
보전하겠다고 복지부동하는 사람들만 양산했습니다.

　보이지 않는 곳에서 자신의 일을 묵묵히 감당하고 있는 사람들을
발굴해 상을 주며 격려하고 계속 정진해 가도록 동기부여 했다면 조금은
나아지지 않았을까 안타까운 마음이 들기도 합니다.

어둠은 날카로운 칼을 휘두른다고 물리칠 수 있는 것이 아닙니다. 어둠은 빛이 들어오면 견디지 못하고 스스로 물러가는 것입니다.

그렇다면 우리들의 모습은 어떻습니까?

나름대로 정의를 부르짖으며 시퍼렇게 날이 선 칼로 어둠과 한판 승부를 벌이고 있습니다. 어둠이 없어졌습니까? 아닙니다. 지금까지 수많은 사람들이 노력해 왔지만 조금도 밝아지지 않았습니다. 우리가 정의를 잘못 이해한 것은 아닌지 모르겠습니다.

예수님은 어두운 죄악에 물든 이 땅에 빛으로 오셨습니다. 자신을 죽기까지 낮추시며 하나님께 순종하셨습니다. 혁명을 일으키지 않으셨습니다. 십자가에 달려 죄의 대가를 치르며 죽으심으로 하나님의 사랑을 확증하셨습니다.

그리고 장사한지 사흘 만에 사망 권세를 이기시고 죽은 자 가운데서 다시 살아나셨습니다. 부활과 생명으로 어둠을 이기신 것 입니다. 다시 말해 어둠이 스스로 물러갈 수밖에 없게 만드셨습니다.

한국에 기독교인이 일천만 명이 넘어섰다고 발표된 지가 오래전 일입니다. 엄청난 숫자입니다. 하지만 한국의 그리스도인들은 사회에서 그리 큰 영향력을 발휘하지 못했습니다.

만약 일천만 명이 넘는 기독교인이 빛과 소금의 역할을 다하며, 선한 영향력을 끼쳤다면 이 땅은 엄청난 변화가 일어났을 것이고 사회는 밝아졌을 것입니다. 더불어 기독교인들의 숫자도 훨씬 많이 늘어났을 것입니다. 하지만 사정은 어떻습니까? 그리스도인들의 숫자가 많이 줄어들었습니다. 왜 이런 일이 벌어지고 있는 걸까요? 그리스도인들의 삶이 신앙과 일치되지 않는 이원론적 신앙생활을 해왔기 때문일 것입니다.

촛불은 자신을 태워 주변을 밝게 만듭니다. 손에 들린 작은 촛불이 우습게 보일지 모르지만 한 사람 두 사람 모여들어 큰 무리를 이루면 컴컴한 밤도 대낮처럼 환해집니다. 서늘했던 자리에 온기마저 감돕니다.

주장을 강하게 내세운다고 정의가 오는 것은 아닙니다. 자신의 모난 생각을 누그러뜨리고 주위를 따뜻하게 감싸 안을 때 비로소 정의가 실현됩니다. 이것이 예수님이 우리에게 요구하시는 삶입니다.

사람은 상황과 시류에 따라 수시로 변하는 존재입니다. 상대가 누구냐에 따라 어제 했던 말과 오늘 내뱉는 말이 달라지기도 합니다. 진정한 정의를 세우기 노력한다 하지만 우리는 남보다 자기 자신을 항상 먼저 챙깁니다. 자신이 속한 집단에 이익이 있느냐 없느냐를 중요하게 생각합니다.

결국 우리가 부르짖는 정의는 나와 내가 발을 들여놓은 집단의 이익에 맞춘 정의일 뿐입니다. 모든 사람이 누릴 수 있는 정의는 아니라는 것입니다. 결국 우리는 정의의 주체가 될 수 없습니다. 우리의 힘으로는 결코 정의를 실현시킬 수 없습니다.

오래 전 정치 지도자들이 모인 조찬기도회에 젊은 목사님이 초청되어 말씀을 전하셨습니다. 목사님은 이제까지와는 다른 말씀을 전하셨습니다. 말씀이 전해지는 동안 장내가 여러 차례 술렁거렸다고 합니다.

"젊은 학생들이 연이어 분신하고 학교 옥상에서 뛰어내렸습니다. 그리고 수많은 학생들이 구속될 것을 각오하고 거리로 뛰쳐나와 최루탄을 뒤집어쓰며 정의 구현을 외쳤습니다. 그럼에도 불구하고 왜 아직도 정의가 실현되지 않고 있습니까? 그 이유는 간단합니다. 정의롭지 못한 사람들이 자신의 유익을 위해 정의를 외쳤기 때문입니다.

또 교회에서는 수많은 성도들이 새벽을 밝히며 온갖 모습으로 기도했는데도 환락가에서 몸을 파는 우리의 누이와 딸들은 왜 그렇게 늘어만 가고 있습니까? 왜 세상은 깨끗해지지 않고 더욱 음란에 빠져들고 있습니까? 그 이유는 거룩하지 않고 순결하지 못한 사람들이 이기적인 마음으로 이생의 축복만을 구했기 때문입니다."

정의의 주관자는 하나님이십니다. 그분은 변하지 않는 분입니다. 하나님의 공의, 즉 성경의 법이 적용되어야 이 세상을 정의롭게 만들 수 있습니다. 또한 개혁은 인간이 할 수 있는 것이 아닙니다. 공의로우신 하나님만이 하실 수 있습니다.

예전에 제주도의 한 농장에 잠시 머물렀던 적이 있습니다. 유기농으로 감귤을 재배하는 곳이었습니다. 그곳에서 '균'을 전공하는 분이 감귤로 음료수를 만드는 과정을 지켜볼 기회가 있었습니다.

먼저 항아리에 귤과 흑설탕을 넣었습니다. 숙성시키는 것이라고 했습니다. 그리고 보름 정도 지나 뚜껑을 열어보더니 위에 떠있는 곰팡이를 대나무로 휘휘 저어 섞어버리는 것이었습니다.

그분은 '익' 균의 힘이 강하면 '해' 균을 받아들여도 전혀 문제가 없다고 말해주셨습니다. '해' 균의 힘이 세면 전부 썩어버리지만 그 정도는 괜찮다며 저의 궁금함을 풀어줬습니다.

우리 그리스도인들이 빛으로 오신 예수 그리스도처럼 손해를 감수하며 선한 영향력을 끼친다면 분명 정의는 구현될 것입니다. 소금처럼 녹아들어 부패되는 것을 막는다면 이 땅은 살아날 것입니다.

어둠은 빛이 들어오면 견디지 못하고 물러갑니다. 빛은 예수 그리스도입니다. 내 기준으로 생각하는 정의는 정의가 아닙니다. 하나님의 말씀만이 진실된 정의입니다. 우리가 빛 되신 예수님과 동행하는 삶을 살 때 세상은 회복되기 시작합니다.

그러기 위해 우리는 예수 그리스도 안에서 죽어야 합니다, 우리가 세상에 영향력을 끼치지 못하는 이유는 우리가 예수 그리스도 안에서 완전히 죽지 못하는데 있습니다.

지렁이도 밟으면 꿈틀한다고 합니다. 왜 그럴까요? 완전히 죽지 않았기 때문에 그렇습니다. 우리가 예수 그리스도 안에서 완전히 죽고 우리를 통해 예수 그리스도의 빛이 비쳐진다면 세상은 치유되고 회복될 것입니다.

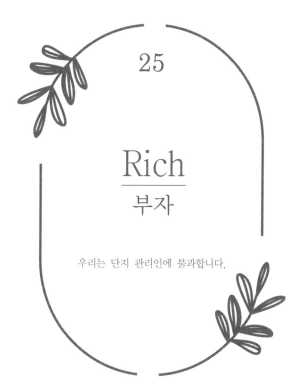

25

Rich
부자

우리는 단지 관리인에 불과합니다.

25 | 부자

믿는 무리가 한마음과 한뜻이 되어 모든 물건을 서로 통용하고
자기 재물을 조금이라도 자기 것이라 하는 이가 하나도 없더라

행 4:32

그리스도인들에게 최상의 가치는 물질이 아닙니다. 물질은 영원하지 않습니다. 하나님께서 우리에게 주신 많은 것 중 일부분에 지나지 않습니다. 우리에게 최상의 가치는 영원히 마셔도 목마르지 않는 생명의 생수이신 예수 그리스도입니다.

사람들은 누구나 부자가 되고 싶어 합니다. 돈이면 뭐든지 할 수 있는 물질만능 사회에서 부자가 되고 싶은 욕망은 어쩌면 당연한 것입니다. 그래서 그리스도인들조차 돈을 벌 수 있다면 어떤 일도 서슴지 않습니다. 믿지 않는 사람들과 조금도 다르지 않게 행동합니다.

우리가 살아가는데 물질이 필요한 것은 부인할 수 없습니다. 문제는 하나님의 말씀에 맞추어 살기보다는 물질이 최상의 가치로 작용하고 있다는 점입니다.

물질이 삶의 일부분이어야 함에도 불구하고, 가족, 사랑, 우정 같은

사람에게 절대 버릴 수 없는 가치마저 버리게 할 정도로 절대적인 영향을 행사하고 있습니다. 그래서 대부분의 사람들이 물질에 얽매여 희로애락을 반복하고 있습니다.

물질의 풍요는 곧 하나님의 축복이라는 등식이 자리 잡고 있는 것도 그만큼 물질의 힘이 크다는 것을 반증하는 것 같습니다. 신앙인이라는 우리도 하나님의 말씀을 붙잡고 사는 사람보다 돈이 많은 사람에게 고개를 숙이는 것을 자주 발견하게 됩니다.

그렇다면 진정한 하나님의 축복은 무엇이겠습니까? 세상 사람들과 다름없이 만수무강, 만사형통을 축복이라고 생각하고 있지 않습니까?

진정한 축복은 하나님 손에 들린 선물이 아니라 선물을 주시는 하나님입니다. 다시 말해 우리를 죄에서 구원하시고 영원한 생명을 주신 예수 그리스도가 축복입니다.

이 세상의 모든 것은 유한합니다. 시간이 지나면 전부 없어지는 것들입니다. 일평생을 고생해 모은 재산도 실은 우리 것이 아닙니다. 모든 물질의 주권은 하나님께 있기 때문입니다.

내 것이라고 할 수 있는 게 있다면 평생 먹고 입은 것, 다른 사람에게 베푼 몇 푼 정도일 것입니다. 그 외에 나머지는 내 마음대로 사용할 수 있도록 허락된 것이 아니라는 말입니다.

"그 집 바깥 양반 있잖아. 평생 고생만 하다가 이제 겨우 살만해졌잖아. 그런데 엊그제 갑자기 죽었대"라는 말을 가끔씩 듣습니다. 물질적 풍요를 누리지 못한 것을 안타까워하는 말입니다.

투기꾼들이 좋아하는 부동산도 풀이하면 움직일 수 없는 재산이라는 뜻입니다. 마음대로 움직일 없는 재산을 말합니다. 엄청난 부동산을 소유했다 하더라도 생을 마감할 땐 그대로 놓아두고 갈 수밖에 없습니다. 더 이상 자신의 것이 아닙니다.

인간은 하나님이 처음 이 땅에 보내신 모습을 하고 다시 하나님께로 돌아갑니다. 아무것도 손에 쥐고 갈 수 없습니다. 벌거벗은 채로 다시 돌아갈 수밖에 없습니다. 그러고 나서 이 땅에 사는 동안 하나님께서 주신 물질을 어떻게 사용했는지로 진정한 평가를 받게 될 것입니다.

자신의 소유를 불리는 일에 관심을 두고 살았고, 그것을 자기 가족들만 호의호식 하는데 사용했다면 하늘에서의 영원한 상급은 없을 것입니다. 하지만 정직하게 땀 흘려 물질을 취했고, 하나님 뜻 가운데서 사용했다면 하늘 창고에 그대로 쌓여 있어 영원히 사용해도 부족하지 않을 것입니다.

물질을 소유하는 것은 중요한 일입니다. 어떤 과정을 거쳐 소유하게 되었는지는 더 중요한 일입니다. 하지만 가장 중요한 것은 그것을 어디에 어떻게 사용했는지에 관한 일입니다.

진정한 부자는 소유하고 있는 재물의 가치나 크기로 평가받지 않습니다. 하나님께서 맡기신 재물을 얼마나 잘 관리했는지, 어떤 용도로 어떻게 사용했는지가 진정한 부자를 가늠하는 척도가 됩니다.

하나님이 허락하신 재물을 복음을 전하는데 사용했고, 잃어버린 영혼들을 구하는데 사용했다면, 동록이 해하지 못하는 하늘 창고에 풍성하게 쌓여 있을 것 입니다.

경제가 어려워지면서 많은 사람들이 힘들하고 있습니다. 잠잠히 말씀의 뜻을 헤아리는 일보다 눈앞에 닥친 어려움을 해결하는 일이 더 크게 보일 수밖에 없습니다. 좌절하고 삶을 포기한 이들의 소식도 뉴스를 통해 심심치 않게 접하게 됩니다. 저도 그런 사람 중 한 명이었습니다.

어느 주일 "지금 망하기 직전이라도 1%의 가능성이라도 남아 있다면 포기하지 말고 하나님이 도우심을 구하며 다시 시작하라!"는 담임 목사님의 설교를 듣고 용기를 얻었습니다.

제게 남아 있는 1%의 가능성을 살펴봤습니다. 물질이 부족할 뿐 제가 상당히 많은 것을 누리고 있음을 깨닫게 되었습니다. 우선 저를 눈동자 같이 지켜주시는 하나님이 계셨고, 힘들고 지칠 때 찾아가 기도할 수 있는 교회가 있었습니다.

늘 제 편이 되어주는 사랑하는 아내와 자녀들도 떠올랐고, 저를 위해 기도해주는 여러 지체들도 보였습니다. 그리고 오늘도 출근할 수 있는 사업장이 버젓이 있었습니다.

99%는 여전하고 단지 1%가 부족한 것뿐이었습니다. 백분의 일 밖에 안 되는 1%에 온통 마음을 빼앗겨 불안해하고 두려움에 떨고 있었습니다. 그것은 사단의 전략이었습니다. 넘어뜨리려고 부추기고 있었던 것입니다. 사단에게 조롱당하면 안 됩니다. 최상의 가치는 물질이 아니기 때문입니다.

우리는 예수 그리스도를 소유한 하나님의 자녀입니다. 예수 그리스도를 소유한 자가 영원토록 생명을 누릴 진정한 부자입니다. 인내와 기다림이 필요합니다. 하나님께 기도하며 최선을 다하면 한 치의 오차도 없는 하나님의 축복이 임할 때가 올 것입니다.

오래전 하용조목사님께서 예수님 한분을 소유했다면 모든 것을 다 소유한 것이지만, 무엇을 가졌을 지라도 예수님 한분을 못 가졌다면 아무것도 못 가진 것이라는 설교말씀을 하신 적이 있습니다.

그렇습니다. 우리 인생의 생사화복은 하나님아버지께 달려 있습니다. 우리가 아무리 연약한 가운데 있더라도 하나님께서 우리의 영혼을 누르고 계시는 한 결코 죽을 수 없습니다. 그러나 우리가 갖은 노력을 하며 건강관리를 할 찌라도 하나님께서 우리의 영혼을 떼신다면 그 즉시 하나님 앞에 불려 갈 수 밖에 없는 연약한 존재가 우리들입니다. 마찬가지로 아무리 많은 재물을 소유하고 붙잡고 있을지라도 하나님의 입김 한번이면 티끌 하나 남지 않고 다 날아가 버리고 맙니다. 그러나 지금 주머니에 동전 한 푼이 없다 해도 하나님께서 축복하시고 부으시면 상상조차 할 수 없는 풍성함을 누리게 됩니다.

이렇듯 진정한 부는 하나님의 손에 달려 있습니다. 하나님께서 원하시는 진정한 부를 구하십시오. 영원히 보장된 부를 누리게 될 것입니다. 영원한 부는 하늘에 쌓는 것입니다.

예수 그리스도를 믿는 우리에게는 세상이 알지 못하는 특별한 것이 있습니다. 아무리 많이 퍼주고 나눠줘도 결코 줄어들지 않는 것, 바로 예수 그리스도의 생명입니다.

우리가 돈으로 살 수 없는 영적 부요함을 소유하고 있다는 것을 망각해서는 안 됩니다. 그것은 잠시 있다가 없어질 유한한 것이 아닙니다. 세상에서는 절대 구할 수 없는 것입니다.

그리스도인들도 땀 흘려 열심히 일해야 합니다. 돈도 많이 벌어야 합니다. 그래야 어려운 사람들을 도와줄 수 있습니다. 하지만 먼저 나눠줘야 할 것이 있습니다. 예수 그리스도의 구속의 은혜입니다.

풍성하게 준비해 놓으신 하나님의 축복을 믿음의 눈으로 바라보십시오. 그리고 예수님의 이름으로 자신에게 선포하십시오.

"나는 다시 일어선다. 나는 이미 영원한 생명을 소유한 부자다!"

우리는 단지 관리인에 불과합니다.

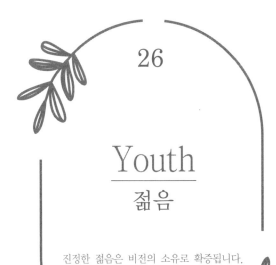

26

Youth

젊음

진정한 젊음은 비전의 소유로 확증됩니다.

26 | 젊음

너희 안에 이 마음을 품으라 곧 그리스도 예수의 마음이니

빌 2:5

사람들은 누구나 젊고 건강하게 살기를 소망합니다. 그래서 몸에 좋다는 것은 다 찾아 먹어보고 운동, 피부 관리 등으로 젊음을 오래 유지하려 안간힘을 씁니다. 하지만 세월 앞에는 장사가 없습니다. 점점 나이가 들면서 몸은 쇠약해지고 자꾸 지난 과거를 돌아보게 됩니다.

마흔아홉 살이나 쉰아홉 살 무렵 동창회에 나가거나 친구들 모임에 참석해보면 벌써 오십 줄에 접어든다느니, 우리가 눈 깜짝할 사이에 육십대가 되었다는 등 나이와 세월에 관한 얘기가 주를 이룹니다. 그리고 해놓은 게 아무것도 없는데 인생 내리막길에 들어섰으니 어떡하느냐며 탄식을 합니다.

곧 육십을 바라보는 해에는 그 농도가 더욱 짙어집니다. 불투명한 노후와 미래를 걱정하는 말이 주로 오갑니다. 지극히 당연하고 자연스러운 모습입니다. 누가 여기서 예외일 수 있겠습니까?

다른 측면에서 한 번 생각해 보겠습니다. 대부분 지금 자신의 판단이 가장 현명하고 합리적이라고 여깁니다. 하지만 일년 전 자신을 되돌아보기만 해도 피식 웃음이 날 때가 많습니다.

여러 사람에게 자랑삼아 말한 것들, 당시에는 최선의 결정이라고 생각했던 것들이 부끄러워지기도 하고 시간을 거슬러 올라가 바로 잡고 싶어지기도 합니다. 부족한 점이 많았다는 느낌이 듭니다.

세상 사람들은 나이로 젊음을 이야기합니다. 그러나 세월이 흐르면서 노화가 진행되고 늙어 가는 것은 어쩔 수 없습니다. 이런 생물학적 현상에 대해서 불편하게 생각하는 것은 모든 사람들이 다 마찬가지일 것입니다.

하지만 하나님의 사람들은 조금 다른 적용을 해야 할 것 같습니다. 영적으로 생각해 보면 달라지기 때문입니다. 우리는 말씀을 붙잡고 사는 사람들이며 말씀으로 자신을 조명하고 끊임없이 삶에 적용하는 사람들입니다.

하나님의 말씀으로 자신을 바라봐야 나의 존재와 정체성에 대해 정확히 알 수 있습니다. 부족한 나 자신을 채찍질하게 되고, 변화된 삶으로 이끌어주시도록 하나님께 자신을 내어드리게 됩니다.

한 해, 두 해 세월이 쌓이며 하나님을 아는 지식이 늘어가고, 하나님을 아는 지식이 늘어갈수록 하나님과 교회 앞에 그리고 이웃들 앞에 더욱 겸손해져 갑니다. 하나님의 말씀이 나를 빚어 가기 때문입니다.

그리스도인들의 오십 대는 사십 대 시절과 분명 다를 것입니다. 육십 대에는 더 아름다운 삶이 이어질 것입니다. 하나님을 아는 지식이 자신을 더욱 바로 알게 해줄 것이고, 그로 인해 하나님의 사람, 성령의 사람으로 변화되어 갈 것이기 때문입니다.

쭈글쭈글 할아버지, 할머니가 되면 인생의 낙이 없다고 다들 한숨 섞인 소리를 하지만 그리스도인들의 입에서는 이와 전혀 다른 행복한 고백이 나옵니다. 육십 대, 칠십 대, 팔십 대로 옮겨갈수록 영육 간에 더욱 성숙 한 삶을 살게 되기 때문입니다.

제가 다니는 교회는 아파트 단지와 이웃해 있습니다. 덕분에 아파트 단지를 두르고 있는 수목이 교회의 담장 역할까지 해주고 있습니다. 교회 1층 커피숍에서 따뜻한 커피 한 잔과 더불어 사시사철 아름다운 나무를 바라보는 것이 저에게는 큰 기쁨입니다.

겨울의 앙상한 가지는 사색에 잠기게 합니다. 새싹이 돋는 봄의 향취도 정말 일품입니다. 여름에 접어든 무성한 푸른 잎은 마음 안의 싱싱한 젊음을 일깨워주는 것 같습니다. 가을이 오면 시시각각 색을 달리하는 나뭇잎이 이제까지 느낄 수 없던 진한 아름다움을 전해줍니다.

봄부터 가을까지 푸르름으로 자신의 몫을 다한 뒤 늦가을 가장 아름다운 색을 발할 때 낙엽이 되어 떨어지게 되는 것입니다. 문득 깨달음이 왔습니다. 세상 사람들은 사오십 대에 들어서면 인생의 내리막길을 걷고 있다며 불안해 하지만 하나님의 사람들에게는 그렇지 않다는 것을 알게 되었습니다.

하나님께서 맡겨주신 사명을 한평생 잘 감당하고 영육 간에 가장 아름다워졌을 때, 이 땅에서의 수고를 마감하고 하나님이 계신 천국으로 입성하는 것이라는 것을 깨닫게 된 것입니다.

하나님의 사람들은 결국 늙고 추한 삶이 되었다고 세월을 탓하며 삶을 마감하지 않습니다. 하나님이 보여주신 푯대를 향해 달려갈 길을 달려가다 아름답게 닳고 닳은 육신을 더 이상 사용할 수 없게 되면, 이 땅에서의 삶을 벗어나 하나님 나라에 입성하게 되는 것입니다.

진정한 젊음은 나이가 어떻게 되는지를 따지지 않습니다. 어떤 꿈과 비전을 품고 무슨 일을 하면서 살아가고 있는지가 훨씬 더 중요합니다. 나이가 많은 것은 걸림돌이 되지 않습니다. 인생을 살아가는 분명한 목적과 비전이 없는 것이 문제입니다.

저는 제가 출석하고 있는 교회에서 육십 대, 칠십 대 되는 분들이 은퇴 후 주변을 정리하고 선교사로 떠나는 것을 자주 봐왔습니다. 그분들을 보면서 진정한 젊음이란 과연 무엇인지 깊이 묵상하게 되었습니다.

더 이상 시간 낭비하지 말고 생각을 바꾸십시오. 진정한 젊음은 하나님의 나라를 꿈꾸며 세상에 나가 선한 영향력을 펼칠 때 유지됩니다. 하나님과 동행하는 진정한 젊은이가 됩시다.

진정한 젊음은 비전의 소유로 확증됩니다.

27

Mission

선교

선교는 하나님 아버지의 마음입니다.

27 | 선교

그러므로 너희는 가서 모든 민족을 제자로 삼아 아버지와
아들과 성령의 이름으로 세례를 베풀고 내가 너희에게 분부한
모든 것 을 가르쳐 지키게 하라 볼지어다 내가 세상 끝 날까지
너희와 항상 함께 있으리라 하시니라 마 28:19-20

한국은 백여 년 전 목숨 걸고 이 땅에 들어온 선교사들을 통해 복음이
심겨진 나라입니다. 세월이 흘러 지금은 지구상에서 미국 다음으로
두번째로 많은 선교사를 파송하고 있는 복음의 수출국가가 되었습니다.

한국 교회는 양적 부흥뿐만 아니라 질적 성장, 부르심에 대한 응답 등
하나님 아버지의 특별한 계획과 기름 부으심이 있었기에 가능했던
일이라 생각합니다.

이 세상에서 가장 가치 있는 일을 하나 꼽으라면 당연히 선교일 것입
니다. 가치 있는 일에 인생을 걸고 노력하는 삶에는 감동이 있습니다. 더
욱이 예수가 그리스도 되심을 모르는 민족을 찾아가 복음을 전파하는
일은 분명 도전해볼 만한 일입니다. 그들과 함께 살다 그들의 삶의
터전에 뼈를 묻는 것보다 귀하고 가치 있는 일이 어디 있겠습니까?

대부분의 사람들은 경제적 불편 없이 건강하고 안락한 삶을 누리며 살아가길 원합니다. 교회 공동체에서도 적당하게 봉사하며 큰 고민이나 갈등 없이 신앙생활 하기를 바랍니다.

그래서 선교를 자신과 상관없는 일로 치부해 버리기 쉽습니다. 특별한 사명을 받은 사람들이 하는 일이지, 주일에만 나와서 봉사하는 나 같은 사람하고는 거리가 멀다고 단정합니다.

맞는 말입니다. 선교는 아무나 할 수 있는 일이 아닙니다. 예수 그리스도의 심장을 품은 사람들만이 감당할 수 있습니다. 그렇다면 교회에서 열심히 섬기는 대부분의 성도들은 예수님의 심장을 품지 못했습니까?

그렇지 않습니다. 예수님의 심장을 품은 사람들이 맞습니다. 다만 하나님께서 맡겨주신 사명이 다를 뿐입니다. 예수님을 믿고 영접한 우리는 모두 선교사입니다.

선교사는 크게 두 부류로 나눌 수 있습니다. 첫 번째는 직접 열방으로 나가는 선교사입니다. 얼마든지 머물고 있는 곳에서 편안하게 자기 삶을 살 수 있음에도 불구하고 하나님 나라와 천국 복음을 전하기 위해 모든 것을 포기하고 떠나는 사람들입니다.

누구도 기다리지 않고 반겨주는 사람도 없지만, 성령님의 인도하심을 따라 하나밖에 없는 목숨을 주님께 맡기고, 잃어버린 영혼을 안타깝게 찾으시는 하나님 아버지의 마음을 품고, 복음의 씨앗을 뿌리러 자신의 인생을 헌신한 사명자들 입니다.

오래 전 싱가포르 출장 중에 아프가니스탄에서 사역하고 계시는 OOO

선교사님을 만난 적이 있습니다. 그분은 국내 대기업의 현지법인 임원으로 아쉬울 것이 없는 분이었습니다. 그러다 예수님을 영접한 뒤 가족들을 이끌고 전쟁 중이던 아프가니스탄으로 들어갔습니다.

그때는 아프가니스탄이 한창 구소련과 전쟁 중이었던 때였습니다. 선교사님에게 선교지가 위험하지는 않느냐고 여쭤보았습니다. 그러자 선교사님은 위험이란 개념이 어떤 것이냐고 저에게 되물었습니다.

그러더니 아프가니스탄에 총알이 날아다니고 여기저기 포탄이 떨어지는 게 사실이지만 한국의 삼풍백화점, 성수대교, 대구지하철 참사처럼 떼죽음을 당하지는 않는다고, 위험과 안전의 진정한 개념은 장소에 달려있는 것이 아니라고 말씀하셨습니다.

어느 곳에 있든지 하나님이 동행하고 계시면 그곳은 안전한 곳이고, 하나님이 곁에 계시지 않으면 그곳은 안전한 것 같아도 가장 위험한 곳이 라는 말도 덧붙였습니다.

내가 어려움은 없느냐고 물었을 때 물질에 대한 개념도 바꿔보라고 말했습니다. 선교사는 얼마 안 되는 아파트 평수에 연연해 하는 사람이 아니라고 하시며 하나님의 자녀요 상속자로 사단이 점령한 아버지의 땅을 다시 찾으려 들어간 사람들이라고 했습니다. 그곳에서 어둠의 세력에 묶여 신음하는 하나님의 자녀들을 해방시키는 것이 임무라고 했습니다.

이후 선교사님을 보는 시각이 달라졌습니다. 이 나라에서 발붙일 곳이 없어 마지막으로 택한 것이 선교가 아니었음을 깨닫게 되었습니다. 무엇과도 비교할 수 없는 가장 가치 있는 일이기에 이미 주어진 좋은 조건들을 기꺼이 포기하고 열방을 향해 떠났음도 알게 되었습니다.

두 번째는 보내는 선교사입니다. 여러 사정으로 인해 선교지에 가지 못해도 현지에 계신 선교사님들을 물심양면 돕는 것입니다.

후방의 지원부대가 신속하고 정확하게 보급을 해줘야 최전선에 배치된 부대가 원활하게 전투에 임할 수 있습니다. 보내는 선교사의 역할을 같은 맥락에서 이해할 수 있을 것 같습니다.

선교지에서 영적 전투를 벌이고 있는 선교사님들을 위해 끊임없는 중보기도로 지원하는 일은 대단히 중요한 사역입니다. 선교지의 필요에 따라 재정을 관리하고 후원자들을 모으며 선교사들의 가족을 돌보는 것도 또 다른 형태의 선교입니다.

우리 모두는 선교에 빚진 자입니다. 선교사님들의 헌신으로 이 땅에 복음이 들어왔고, 여러 세대를 거쳐 내려온 복음이 내게도 전해져 예수 그리스도를 영접하게 되었기 때문입니다. 분명 선교사들과 동역해야 할 의무가 있습니다.

어느 선교사님으로부터 들은 이야기를 옮겨보겠습니다. 아프리카 오지에서 십여년 넘게 사역하던 선교사님이 안식년을 한국에서 보내고자 공항으로 나왔습니다. 하지만 선교사님을 배웅하러 온 사람은 젊은 청년 한 명뿐이었습니다. 그곳에서 십여년 넘게 사역했음에도 예수 그리스도를 영접한 사람은 그 청년 한 사람 밖에 없었기 때문이었습니다.

선교사님은 참담한 심정으로 공항 바닥에 무릎을 꿇고 기도했습니다.

수많은 사람들이 중보기도와 물질로 도와줬는데도 열매가 너무나 형편없고 초라해, 돌아가서 그 분들을 대할 면목이 없었습니다. 하나님께도 죄송한 마음뿐이었습니다.

눈물을 흘리며 기도하는데 하나님께서 환상을 보여주셨습니다. 배웅 나온 청년의 뒤로 그 나라 온 국민이 줄지어 서 있는 모습이었습니다.

그렇습니다. 단 한 사람이 예수님께 돌아오는 것은 하찮고 우습게 보일 수 있습니다. 하지만 하나님께서 그 한 사람을 구원의 통로로 사용하시면 그곳의 모든 백성에게 복음이 전해질 수 있는 것입니다.

우리나라도 다르지 않았습니다. 하나님의 마음을 품은 한 사람이 이 땅에 들어와 복음을 전했고, 그 복음이 부흥의 불꽃을 일으켜 민족을 변화시켰습니다. 그래서 지금은 열방과 세계 민족에게 나갈 수 있는 것 아니겠습니까?

환상을 보고 위로를 받은 선교사님이 안식년을 보낸 뒤 아프리카 오지로 다시 돌아가 활발한 사역을 펼치고 있다는 소식을 들었습니다. 선교사님이 다시금 그곳으로 돌아갈 수 있었던 것은 하나님께서 주신 소명 때문이겠지만 한편으로는 많은 사람들이 선교사님을 위해 기도하며 지원하고 있기에 가능한 일입니다.

이렇듯 우리 모두가 선교지로 직접 갈 수는 없지만 하나님께서 우리에게 주신 것을 선교를 위해 기쁘게 사용한다면 우리 모두 선교의 동역자가 될 수 있습니다.

선교는 하나님 아버지의 마음을 아는 사람들만이 할 수 있습니다. 집

을 나간 아들을 안타깝게 기다리며 뜬눈으로 밤을 지새우는 아버지의
마음을 가진 자가 감당할 수 있는 것이 선교입니다.

선교는 하나님 아버지의 마음입니다.

28

Environment

환경

내가 마주치는 모든 환경은 선교지입니다.

28 | 환경

오직 성령이 너희에게 임하시면 너희가 권능을 받고 예루살렘
과 온 유대와 사마리아와 땅 끝까지 이르러 내 증인이 되리라
하시니라 행 1:8

세상 사람들도, 그리스도인들도 일상에서 마주치는 사람들, 일하며
만나는 사람들과 더불어 하루하루를 살아갑니다. 이것을 우리가 살아가
는 환경이라고 말할 수 있습니다.

환경하면 산과 바다, 강, 맑은 공기 같은 자연환경을 먼저 떠올리게
됩니다. 이러한 모든 환경은 하나님께서 인간에게 주신 것입니다. 환경
을 주신 것으로 끝내지 않으셨습니다. 창세기에 쓰인 말씀처럼 환경을
지배 하고 관리할 수 있는 능력까지 허락하셨습니다. 이것을 문화명령
이라고 합니다.

"하나님이 그들에게 복을 주시며 하나님이 그들에게 이르시되
생육하고 번성하여 땅에 충만하라, 땅을 정복하라, 바다의
물고기와 하늘의 새와 땅에 움직이는 모든 생물을 다스리라
하시니라" 창 1:28

환경을 잘 관리하고 보존하는 것은 매우 중요한 일입니다. 환경파괴로 말미암아 지구촌 전체가 입고 있는 피해는 실로 어마어마합니다. 환경 운동가를 양산하고, 대대적인 캠페인을 벌인다고 해서 고쳐지는 것이 아니라는데 문제의 심각성이 있습니다.

이것은 영적인 문제이기 때문입니다. 환경을 가꿔가야 할 책임과 의무가 있는 사람들이 변하지 않으면 환경은 회복되지 않습니다. 자연을 대하는 사람이 먼저 회복되어야 환경도 회복될 수 있습니다.

자연을 관리해야 하는 사람, 즉 나를 포함해 가정, 친구, 이웃, 직장, 교회 공동체 등 일상에서 매일 만나고 부딪치며 살아가는 인간 환경에 대해 알아볼 필요가 있습니다.

하나님께서 인간을 창조하셨습니다. 그리고 하나님과 교제하고, 이웃과 더불어 살아가도록 만드셨습니다. 하지만 인간이 하나님의 말씀을 거역하고 스스로 범죄 함으로 말미암아 하나님과의 관계가 깨어지고 말았습니다. 하나님과의 관계가 깨어진 뒤에는 인간끼리의 관계마저 깨어져버렸습니다.

하나님께서 주신 완벽한 공간인 에덴동산에서도 쫓겨나고 말았습니다. 자연환경과의 관계도 깨어진 것입니다. 하나님과의 관계가 깨어진 인간은 고통 속에서 일생을 보내며 하나님의 심판을 바라볼 수밖에 없었습니다. 그들을 기다리고 있는 것은 사망과 저주뿐이었습니다.

하지만 사랑의 하나님은 영원한 형벌을 받을 수밖에 없는 우리 인간을 그대로 버려두지 않으셨습니다. 하나님은 하늘 보좌와 영광을 포기하시고 육신의 몸을 입고 직접 이 땅에 오셨습니다. 십자가의 구속 사역을 통해 우리 죄를 대속하시고 독생자 예수 그리스도를 믿는 자에게 하나님과의 관계를 다시 회복시켜주셨습니다.

이렇게 예수 그리스도를 만난 사람만이 관계의 회복을 얻을 수 있습니다. 하나님은 먼저 믿은 자들을 구원의 통로로 삼으십니다. 아직 하나님을 알지 못하고 죄와 사망의 고통 가운데 있는 사람들을 구원하시고자 그들을 믿는 사람들의 주변 환경으로 붙여주셨습니다.

주변 환경으로 허락하신 사람들에게 예수님의 사랑과 은혜를 전하는 것이 하나님의 뜻입니다. 그 환경을 넓혀나가 모든 인류가 예수님으로 말미암아 구원받기를 원하고 계십니다.

> "그러므로 너희는 가서 모든 민족을 제자로 삼아 아버지와
> 아들과 성령의 이름으로 세례를 베풀고 내가 너희에게 분부한
> 모든 것을 가르쳐 지키게 하라 볼지어다 내가 세상 끝날까지
> 너희와 항상 함께 있으리라 하시니라" 마 28:19-20

그렇기에 우리에게 주어진 환경 안에 적극적으로 뛰어들어 환경을 변화시켜나가야 합니다.

이것을 깨달은 그리스도인들은 사람들에게 다가가 정성껏 예수님을 소개해보려 합니다. 하지만 주변 환경은 생각대로 쉽게 변하지 않습니다.

포기하고 싶고 낙심할 때가 많습니다. 자신의 지식이나 경험을 앞세워 서두르거나 일시적인 감정에 치우쳐 변화를 시도하기 때문이 아닐까 싶습니다.

우리에게 맡겨진 환경을 변화시키기 위해서는 먼저 예수 그리스도를 믿는 믿음을 올바로 소유하고 있어야 하며 구원의 확신 가운데 온전히 머물러 있어야 합니다. 그래야 주변 환경을 변화시킬 수 있는 능력을 소유할 수 있으며 하나님의 나라를 확장해 나갈 수 있습니다.

올바른 믿음을 소유하기 위해서는 성령님을 전적으로 의지해야 합니다. 성령 안에서 늘 깨어 기도하므로 영적인 힘을 공급 받고, 성경 말씀을 묵상하므로 하나님께서 주시는 지혜와 분별력을 갖춰야 합니다. 교회 공동체 모임을 통해 서로를 격려하며, 성령님이 주시는 용기와 능력을 덧입어야 합니다.

또한 주님이 주신 구원의 기쁨과 감사로 우리 영혼이 충만해져야 합니다. 그래야 주변 환경 속에 예수님을 전하고 싶은 소망이 사그라지지 않고 계속 일어날 것입니다. 예수님과 연합된 성령 충만한 모습을 보고 우리 이웃들이 변화되기 시작할 것입니다.

이렇게 주변 환경을 변화시키기 위해서는 먼저 내 자신부터 변화 되어야 합니다. 내가 변화되어 예수님이 주신 구원의 감격으로 충만할 때 나와 가장 가까운 가족을 변화시킬 수 있습니다. 그리고 이웃과 공동체 그리고 땅 끝까지 퍼져갈 수 있는 것입니다.

"오직 성령이 너희에게 임하시면 너희가 권능을 받고 예루
살렘과 온 유대와 사마리아와 땅 끝까지 이르러 내 증인이
되리라 하시니라" 행 1:8

호수에 돌을 던지면 호수 표면에 동그란 파장이 생깁니다. 작은 동그라
미는 조금씩 커다란 동그라미를 그려갑니다. 잠시 뒤에는 호수 저편에 닿
을 만큼 큰 원이 만들어집니다.

내가 싫어하는 사람을 외면하거나 관계가 원만하지 못한 사람과 등
지고 살 때가 많습니다. 하지만 그들도 예외일수 없습니다. 그들도 하나
님께서 우리에게 맡기신 환경이며 변화시켜야 할 대상입니다.

예수님의 심장을 가져야 합니다. 그리고 우리가 받은 구원의 기쁜 소식
을 전해야 합니다. 그럴 때 주변 환경은 빠른 속도로 변화되고 그 안에
하나님의 나라가 이루어질 것입니다.

나비의 작은 날개 짓이 지구 반대편에 폭풍을 일으킨다는 카오스의
이론이라는 것이 있습니다. 우리 한 사람을 통해 선포되는 복음은 너무나
연약해서 아무것도 변화시킬 수 없을 것 같아 보입니다.

하지만 초라해 보이는 우리의 작은 몸짓 하나가 엄청난 생명력으로
확산되어 주변 환경을 변화시킬 것이며 결국 모든 민족과 열방까지 구원
의 기쁜 소식이 전해질 것입니다.

하나님의 뜻과 하나님의 나라는 순종하는 나로부터 시작되어 누룩과
같이 온 세상으로 퍼져나갑니다.

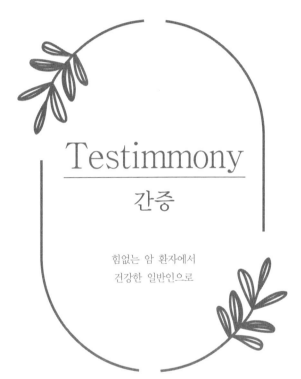

Testimmony
간증

힘없는 암 환자에서
건강한 일반인으로

간증

힘없는 암 환자에서
건강한 일반인으로　　결국 수술대에 올랐습니다. 영화나 드라마에서
봐왔던 커다란 불빛이 천장에서 저를 비추고 있었습니다. 피해가고 싶
었던 일이 현실로 다가온 것입니다.

2006년의 끝자락이었습니다. 일대일 제자 양육팀과 캐나다 밴쿠버와
중국 청도의 교회에 다녀온 직후 배꼽 주변이 조금씩 아파오기 시작했
습니다. 병원을 찾아가 여러 가지 검사를 받았지만 별 이상을 발견하지
못했습니다.

보름 정도 지나서였습니다. 아침에 볼일을 보는데 아무래도 심상치 않
았습니다. 혹시나 하는 마음에 변기 안을 들여다보았습니다. 온통 핏빛
이었습니다. 급하게 큰 대학병원으로 갔습니다. 검사 결과 대장에 종양
이 있다는 진단을 받았습니다. 그 자리에서 입원 결정이 났고 생전 처음
으로 병원생활을 경험하게 되었습니다.

레이저로 제거할 수 있다고 들었습니다. 내시경을 이용하는 간단한
수술이 될 것이라고 의사들이 얘기해 주었습니다. 하지만 막상 수술에
들어가고 보니 별 것 아닐 것이라는 예상과 달리 종양 크기가 너무 컸습
니다. 개복수술로 선회할 수밖에 없었습니다.

믿는 자와 잠든 자

                    수술을 앞둔 며칠간은 제 자신과 싸우는 시간이었습니다. 교회 옆집에서 태어나 어려서부터 신앙생활을 해왔기에 어지간해서는 흔들리지 않는 믿음을 갖고 있다고 나름 자신하고 있었습니다.

하지만 배를 기르고 수술을 받아야 하는 상황에 맞닥뜨리자 저의 신앙은 형편없이 작아져버렸습니다. 마음 깊은 곳에서 울려오는 두려움을 제어하기가 결코 쉽지 않았습니다. 그럼에도 애써 태연한 척 했던 것은 옆에서 계속 기도하는 아내와 문병 오는 교우들에게 부담을 주고 싶지 않아서였습니다.

드디어 수술 날짜와 시간이 결정되었습니다. 의사 선생님이 직접 침대를 밀어 저를 수술실로 옮겼습니다. 수술실 문이 닫히는 순간 밀려오는 공포심과 고독감은 견디기 힘들었습니다.

수술대로 옮겨 눕는 몇 초 되지 않는 짧은 시간에 정말 많은 생각이 교차하며 지나갔습니다. 누구에게나 자신의 의지와 상관없는, 원치 않는 일이 벌어질 수 있다는 것을 알게 되었습니다.

그리고 영원히 함께 할 것 같은 사람들과 철저히 분리되어 하나님과 독대하는 시간이 언젠가는 반드시 오고야 만다는 것도 깨달았습니다. 늘 함께 해주던 교우들은 물론 동고동락해온 사랑하는 아내와 자식들도 동행해 줄 수 없는 시간이 온다는 것을 알게 된 것입니다.

제가 어느 곳에 있든, 어떤 상황에 처하든 의지할 수 있고, 항상 제 곁을 지켜주시는 분은 하나님 한 분 밖에 없다는 것도 그제야 깨달았습니다. 그 때 수술대 위에서 잠시 드렸던 기도가 지금까지 제 인생에서 가장 진실하고 또 절실했던 기도가 아니었을까 싶습니다.

손발이 수술대에 고정되었습니다. 의사 선생님이 산소 호흡기로 보이는 것을 입에 대며 이제 마취가 시작된다고 얘기해주었습니다. 의사 선생님의 지시에 따라 숨을 크게 두 번 내시고 들이마셨습니다. 그 순간 의사 선생님이 "허복만 씨!"하고 제 이름을 불렀고 저는 "네"라고 대답 했습니다.

그러자 의사 선생님이 "이제 수술 잘 마치고 입원실로 올라갑니다" 라고 말했습니다. 두려움에 떨며 수술실로 들어갔었습니다. 그런데 잠깐 잠든 사이, 전혀 의식하지 못한 상태에서 수술이 성공적으로 끝난 것입니다.

다시 깨어났다는 사실이 얼마나 기뻤는지 모릅니다. '이제 살았구나!' 밀려드는 안도감은 달리 표현할 말이 없었습니다. 입원실로 돌아오는 침대에서 문득 '이런 것이 부활일 것이다' 는 생각이 들었습니다.

성경에서는 예수님을 믿지 않는 자를 죽은 자라고 표현합니다. 믿는 자에 대해서는 잠자고 있다고 말합니다. 잠들었다는 것은 반드시 깨어난다는 것을 의미합니다.

오천 년 전에 죽은 사람이든 어제 저녁에 생을 마감한 사람이든 아니면 어제 저녁에 잠자리에 들었을지라도 오늘 아침 깨어나기 전까지의 시간은 자기 시간이 아닙니다. 누워 있는 동안 흘러간 시간은 자신이 알 수 없기 때문입니다.

예수님이 다시 오셔서 우리의 이름을 부르시는 그 때에 예수님을 믿는 우리들은 생명의 부활로, 예수를 믿지 않는 불신자들은 사망과 심판의 부활로 깨어날 것 이라는 생각이 들었습니다. 만약 지금 죽는다 해도 내 자신이 '산 자요, 잠자는 자' 이기에 다시금 깨어날 것이라는 확신이 들면서 두려운 마음이 사라졌습니다.

하나님은 우리의 생사화복을 주관하십니다. 우리가 살려고 아무리 발버둥친다 해도 하나님께서 영혼을 떼버리시면 죽을 수밖에 없습니다. 곧 숨이 끊어질 것 같아도 하나님께서 그 영혼을 눌러놓고 계시면 절대 죽을 수 없다는 것도 깨달았습니다.

암 선고와 하나님의 음성

수술 후 병실생활은 많은 교우들의 관심 덕에 든든하고 평안했습니다. 하지만 그것도 잠시뿐이었습니다. 열흘 뒤 나온 조직 검사 결과가 매우 실망스러웠습니다. 의사 선생님의 말씀을 잘못 들은 것은 아닐까 귀를 의심했습니다.

림프종으로 일종의 악성 혈액 암이라고 했습니다. 그리고 두 주 후부터 여섯 차례에 걸쳐 항암제 치료를 받아야 한다고 했습니다.

암 환자가 되었다는 사실을 받아들이기 힘들었습니다. '내가 지금 꿈을 꾸고 있는 것은 아닐까?', '아니 꿈이었으면 좋겠다' 며 속으로 되뇌었습니다. 처음으로 죽음이 가까이 느껴졌습니다. 막연하게만 여겨왔던 죽음이 바로 제 옆에 와있었습니다. 완치되지 못하면 아내와 아이들은 앞으로 어떻게 살아갈지 무척 혼돈스러웠습니다.

'나는 괜찮을 거야! 이겨낼 수 있을 거야!' 라고 다짐해 봐도 남들과 다를 바 없는 연약한 존재라는 것을 확인할 뿐이었습니다. "하나님, 저 살고 싶어요. 저 좀 살려주세요!"라고 기도로 매달리는 방법밖에 없었습니다. 더 이상 선택의 여지가 없었습니다.

2주 후 약물치료를 받기 위해 PET-CT(양전자방출단층촬영기)를 찍었습니다. 촬영하는 한 시간 동안 꼼짝 않고 누워 있어야만 했습니다. 잠이 들어도 안 되기에 속으로 찬양하고 기도하며 시간을 보내기로 마음 먹었습니다.

그런데 기도하는 중에 "내가 너를 깨끗케 했다!"는 음성이 귓가를 맴돌았습니다. "이제부터 네가 아픈 사람에게 손을 얹고 기도하면 나을 것이다!"는 말도 들리는 듯 했습니다.

비몽사몽간에 스스로 만들어낸 말인지 정말 하나님의 음성을 들은 것인지 분간되지 않았습니다. 제 한 몸도 건사하지 못하는 상황에서 지나치게 긴장해 있다 보니 그런 음성을 들은 것으로 착각했나보다 하고 그냥 넘어갔습니다.

그런데 항암치료에 앞서 검사하는 동안 다른 부위에서 또 암이 발견되었습니다. 또 처음 수술하면서 연결했던 장 일부분도 중첩되어 있다고 했습니다. 빨리 재수술을 하지 않으면 안 되는 상황이었습니다. 다른 대안은 없었습니다. '역시 착각이었구나' 라고 생각하니 실망감만

커졌습니다.

하지만 앞서 경험을 했기에 마음가짐이 조금은 달랐습니다. 첫 번째와 똑같은 방법으로 수술대 위에 누웠습니다. 이전처럼 숨을 크게 두 번 들이마시고 내쉬는데 너무나 아픈 고통이 밀려왔습니다. 순간 "아, 허복만 씨 깨어나셨네요. 이제 입원실로 올라가겠습니다" 하는 소리가 들려왔습니다.

수술은 이미 끝마친 뒤였습니다. 그리고 의사 선생님이 이름을 부르기 전에 먼저 깨어나면 죽음과 같은 고통을 맞게 된다는 것을 알게 되었습니다. 삶에서도 성령님보다 앞서 나가면 이런 아픔을 겪을 수 있다는 깨달음도 얻었습니다.

수술 후유증은 첫 번째 것과 많은 차이가 있었습니다. 일주일이 지난 후에야 통증이 가라앉았습니다. 그리고 수술하고 이틀이 지나 심한 탈수현상이 일어났습니다. 엄청나게 힘들었습니다. 물 한 방울도 입에 대면 안 되는 상태였습니다.

아내가 물에 적신 거즈를 입 안에 계속해서 번갈아 넣어주었지만 입은 쩍쩍 달라붙으면서 심하게 말라갔습니다. 괴로운 시간이 오후 늦게까지 이어졌습니다. 그러다 어느 순간 입에 침이 돌면서 거짓말 같이 탈수 현상이 멈췄습니다.

침 한 방울이 이토록 소중한 것이었는지 그 때까지 전혀 생각해보지 못했었습니다. 하찮다고 여겼던 모든 것이 생명과 직결되어 있었습니다. 우리 몸의 어느 것 하나 귀하지 않은 것이 없었습니다. 감사할 수밖에 없는 조건이 너무나 많았습니다.

그 즈음 병실에는 성도님들의 문병이 끊이질 않았습니다. 분명 분에 넘치는 사랑이었습니다. 이삼 일에 한 번씩 꼭 찾아와주시는 누님 같은 목사님의 말씀과 기도는 병상에 있는 저에게 큰 위로가 되었습니다.

신기한 일도 겪었습니다. 어느 집사님들이 한 분씩 며칠 간격으로 찾아와서 PET-CT를 찍을 때 들었던 음성과 똑같은 내용으로 기도해주는 것이었습니다. 잘 모르는 분들이었습니다. 전부 세 분이었습니다.

저의 믿음이 얼마나 부족했으면 세 번씩이나 다른 사람을 보내셔서 확인시켜주시나 싶었습니다. 하나님이 말씀하신 것이 맞다는 생각이 들었습니다. 믿음으로 받아들였습니다. 그러자 불안했던 마음이 눈 녹듯 사라지고 저를 완전히 깨끗케 하셨다는 확신으로 뭉클해졌습니다. 하나님의 계획은 저의 생각과 판단을 뛰어넘는 탁월한 것임을 가슴 깊이 새길 수 있었습니다.

기도와 사랑을 덧입은
암 투병

그로부터 3주 후 다시 온갖 검사를 거쳐 약물치료에 들어갔습니다. 약물치료의 고통은 익히 들어서 알고 있었습니다. 같은 병실에서 약물치료를 받고 있는 환자들을 보면 후유증도 만만치 않았습니다. 사실 부담이 이만저만이 아니었습니다.

하지만 처음 약물을 주입하고 나서 몇 십 분간 열이 오르고, 온 몸이 간지러웠던 것만 빼고는 잘 참아낼 수 있었습니다. 삼일 간의 약물주입을 마치고 퇴원 절차를 밟았습니다.

다행히 다른 사람들처럼 구토증은 일어나지 않았습니다. 암 환자들이 치료 과정에서 가장 고통스러워하는 것이 구토증인데 그런 증상이 없다는 것만으로도 큰 은혜라 할 수 있었습니다.

음식을 제대로 먹지 못하면 백혈구 수치가 떨어지는 등 치료를 지속해 가기가 어간해서 쉽지 않습니다. 저는 임신부가 입덧을 하는 것처럼 음식 냄새에 민감해져 아무것이나 잘 먹지 못하는 것만 빼고는 버틸 만했습니다. 하지만 약물의 독성 때문에 머리카락이 빠지는 것은 어쩔 수가 없었습니다.

처음에는 제가 건강체질이라 다른 사람들에 비해 치료 과정을 잘 넘기고 있다고 생각했습니다. 하지만 그것 역시 교만이었습니다. 나중에서야 알았습니다. 교회에서 저를 위해 순번을 정하고 띠 기도와 금식기도를 감당해주고 있었습니다. 또한 새벽마다 많은 교우들이 제 이름을 부르며 하나님께 부르짖고 있었습니다.

저는 힘없는 암 환자일 뿐이었습니다. 저를 버티게 했던 것은 교우들의 기도와 사랑이었습니다. 하나님께서 저를 붙들고 계셨기에 투병생활을 이겨나가고 있던 것이었습니다.

반년에서 한 달 모자란 기간 동안 여섯 번의 약물치료를 받았습니다. 삼 주에 한 번꼴이었습니다. 주치의로부터 약물치료 종료 통보를 받았을 때는 정말 춤이라도 추고 싶은 심정이었습니다. 죽음과도 같은 터널을 빠져나왔다는 것이 꿈만 같았습니다.

병든 자를 일으켜
사용하시는 하나님

퇴원 직후 교회의 일대일 제자양육팀에 합류해 일본 아웃리치를 떠나기로 결정했습니다. 주위에서는 그 몸을 갖고 어디를 가느냐고 하나 같이 말렸습니다. 정신 나갔다는 소리까지 들었습니다. 하지만 하나님께서 계속 회복시켜주지 않으시면 그곳에 갈 수 없음을 알고 있었기에 주위의 걱정을 넘어설 수 있었습니다.

오사카 교회에 도착해 기도하는 순간 흘러내리는 눈물을 주체할 수 없었습니다. 갓 예수님을 영접한 일본인 동반자와 마주앉은 순간에도 또다시 눈물이 왈칵 쏟아졌습니다. 처음 만난 동반자가 저의 우는 모습을 보고 어쩔 줄 몰라 했습니다.

약물 후유증으로 머리카락이 다 빠져 모자를 눌러쓰고 움직여야 하는 처지였지만 병상을 털고 일어나 그 곳에 갈 수 있었고, 거기서 새로운 동반자를 만났다는 것만으로도 저에게는 큰 기쁨이고 감사였습니다.

8박9일간의 양육 일정을 건강하게 잘 마치고 돌아왔습니다. 일본의 동반자와 이메일로 수차례 안부를 주고받았습니다. 동반자는 누구를 만나더라도 입에서 자꾸만 예수님 이야기가 나오고, 예수님을 전하고 싶어 견딜 수 없다고 소식을 전해왔습니다. 저 같은 사람을 도구로 사용해주신 하나님의 은혜를 감사드릴 수밖에 없었습니다.

오사카에 이어서 일본의 고베, 대만, 중국, 파키스탄의 목회자들을 섬기러 다녀왔습니다. 그렇게 섬길 수 있는 것이 저에게는 기적과 다름없는 일이었습니다.

우연이 아닌 하나님의 계획

당시에는 칠흑 같이 어두운 터널이라고 생각했었습니다. 너무나 길었습니다. '내가 이 어둠에서 빠져나갈 수 있을까?' 수없이 의심했습니다. 하지만 하나님께서는 저를 터널 속에 내버려 두지 않으시고 매 순간 저와 동행해주셨습니다.

조금만 늦었어도 돌이킬 수 없는 상황을 맞았을 것입니다. 하지만 가장 적당한 시기에 병을 발견케 해주셨고 또한 회복시켜 주셨습니다. 의사 선생님이 하는 말을 들었습니다.

째고, 잘라내고, 꿰매는 일은 자기들이 할 수 있지만 수술 후 살이 붙고 장기가 정상적으로 작동하는 것은 다룰 수 없다고 말입니다. 오직 절대자만이 할 수 있는 정말 신묘막측한 영역이라고 했습니다.

하나님께서 저에게 새로운 삶을 허락해 주셨습니다. 그동안 의식 못하고 그냥 지나쳤던 모든 것들이 이제는 새롭습니다. 일상에서 만나는 모든 사람이 얼마나 사랑스럽고 귀하게 느껴지는지 모릅니다.

이번 경험을 통해 이제껏 살아오면서 가졌던 모든 만남이 결코 우연이 아니었음을 깨닫게 되었습니다. 나보다 나를 더 잘 아시는 하나님께서 미리 준비해 놓은 만남이라는 것을 알게 된 것입니다.

그리고 그 만남들은 제 긴 터널을 빠져나올 수 있게 구체적으로 돕는 손길들이 되어주었습니다. 신실하신 하나님, 실수가 없으신 하나님께서 저를 눈동자 같이 지키고 계셨음을 뒤늦게라도 깨닫게 된 것이 얼마나 다행인지 모릅니다.

병을 앓기 전 교회에 앉아 있으면 여러 문제들이 눈에 거슬렸습니다. 지금은 그렇지 않습니다 예수님만 보입니다. 교회에 가서 예배드릴 수 있다는 사실 하나만으로도 그저 감사할 따름입니다.

투병 중에도 가장 좋은 것으로 채워주시고, 알맞게 빚어서 사용해 주시는 하나님의 인도하심에 감사할 수밖에 없음을 고백합니다.

덤으로 사는 남은 인생

5년이라는 시간이 지났습니다. 2012년 4월 중순 오년 차 검사를 마친 후 주치의 선생님으로부터 암에서 완전히 탈출했음을 통보 받았습니다. 그동안 하나님께서는 교회의 장로로, 일대일 사역자로, 암 투병 이전보다 더 많은 일을 감당하도록 은혜를 베풀어 주셨습니다.

연약한 사람이기에 늘 마음 한 구석에는 '혹시나' 하는 마음이 있었습니다. 남은 삶을 전부 드린다 해도 너무나 부족하다고, 남은 시간이 얼마나 남았는지 모르니 하루하루 최선을 다해 주의 일을 해야 한다는 조급함 있었습니다.

의사 선생님의 축하를 받는 동안 하나님께서 아직도 저를 통해 하실 일이 있으시기에 회복시켜 주셨을 것이라는 마음이 강하게 다가왔습니다.

이제 암 환자에서 건강한 일반인으로 돌아왔습니다. 갑자기 마음이 바빠지기 시작했습니다. 앞으로의 저의 삶은 덤으로 사는 것입니다. 저에게 주어진 모든 시간은 하나님께서 특별히 주신 보너스입니다.

이제 제 인생의 남은 하프타임을 하나님께서 어떻게 사용하실지 모릅니다. 하지만 분명한 것은 가라하시면 가고, 서라 하시면 서는 순종의 삶을 살겠다는 것입니다.

아버지, 사랑합니다. 할렐루야!